无界

从房地产法官到“互联网+”律师

惠翔　著

中国法制出版社
CHINA LEGAL PUBLISHING HOUSE

自　序

——你也可以成为“不一样的律师”

一直想给自己的书写个序，但写了几稿都不甚满意。前几日与友人聊天偶然说起，友人建议：你不如写写如何从普通法官转型为阿里等大平台的顾问律师？这段经历很独特啊，说不定读者感兴趣，并能从中获得启迪。

我关闭电子设备，世界瞬间安静了下来。脑海里，此前的人生经历开始一幕幕闪回。

一、以不变应万变

1993 年，我考入华东政法学院。在大学的舞台上，我绝非众人瞩目的学霸。唯一的亮点是曾获得 1995 年“华政十大校园歌手”的第一名。至今，仍被大家津津乐道的是，我居然初赛、复赛、决赛唱的都是同一首歌。

这可能是我性格中的“呆气”“傻气”的第一次显现。我也是第一次知道，对于规则、策略的运用是值得研究的，既然没有规定不能唱同一首歌，我就一招鲜吃遍天下。

激烈的对抗中，“以不变应万变”也是一种可以胜出的策略。

二、兴趣是最好的老师

1997 年，香港地区回归。

我进入法院工作，原本想着在法院能福利分房。没想到，1998 年住房制度开始改革，我错过了实物分配的最后一班列车。

房不能分了，但活得照干。我被分配到街道法庭。第一次记庭审笔录时额头上大滴的汗珠滴下来，字迹化成了一个个团团。当事人说话像打机关枪一样，根本记不下来。汗颜之下，我开始虚心求教。开庭前我会向承办法官讨要案卷，了解案情和审理要点，特别是提前理解难记、难懂的专业性概念。之后，学着像法官一样思考问题，慢慢就觉得笔录没那么难记了。

做了法官后，心理压力很大。总担心查不清事实，用错法条。老法官启发我，你要跳出法律的框架办案件。他说了一个事例，有个女人起诉，说男方在恋爱期间向她借了 30 万元现金，并留有借条。现在双方分手，但男方拒不归还借款。男方抗辩说，因为他有家室，借条是女方逼着写的。法官遂当场让女方陈述，30 万元是哪里来的、什么票面、为什么借、如何包装、如何交付男方的，并让男方拿出 30 万元现金当场做实验。结果女方陈述的包装规格，根本就装不下 30 万元现金。此案遂结。

自此，我心中便开始有谱儿，法律的生命不在于逻辑，而在于经验。但经验的取得，需要成百上千件案件的锤炼。于是，我痴迷于办案，特别喜欢办大案、要案、首案、难案，觉得从中能学到东西，而且可以和其他业内高手切磋，有华山论剑、比武论道的感觉。

日积月累，直到练就一种对办案的直觉（不是幻觉）。

三、念念不忘，必有回响

现在想来，大事上我一直运气不错。

2013 年，我从法院辞职。这年恰是移动互联网的爆发年。

我是一个喜欢思考但不擅交际的人。如果没有互联网，没有微信公众号等法律新媒体，没有钉钉、坚果云等移动办公软件，没有基于互联网生态的口碑传播和案件协作，我也就没有机会坐在这里陈述自己的转型故事，因为大概率已经“饿死”了。此事早有先例，我的一个同事，很早出来做律师，但因为没有获取案源的渠道，遂又参加了公务员考试，重新回到机关单位。

运气就是，于时间无涯的荒野上，不早不晚，刚好赶到。

当然，在运气来临前，你得确保自己活着。

我至今记得，律所初创的时候，夜晚走廊和工位都是空荡荡的。在这种时候加班写作，有种“落魄书生说聊斋”的感觉。但是，对法律新领域勃兴的坚信，使我坚持了下来。

与阿里巴巴集团的合作始于2015年，正好是网络自媒体对“流量”的争夺使得名誉侵权频发的年景，阿里作为电子商务领域的巨无霸，自然是“无良”自媒体制造新闻事件的首选对象。阿里找到我，是因为我之前写过许多关于法官转型的文章并在微信公众号上发布，法律圈里读过我文章的朋友向阿里推荐了我。而我的新媒体意识和法官思维，又帮助我从“媒体+法律”的双重角度去理解互联网领域内频频发生的侵权事件。

通过与阿里的一系列合作，我不断接触互联网领域内最前沿的资讯，并慢慢成了一名具有“互联网+”思维的律师。所谓“互联网+”，我的理解，不仅仅是线上技术和传统法律的简单结合，而是用互联网开放、共享、迭代的精神和法律行业深度融合，提升律师个体的价值，打造线上、线下的“无边界”法律服务生态系统。

四、相信时间的力量

如果你投身律师行业，你就会发现身边和你竞争的律师太多了。每个律师都号称能提供一站式服务。实际上是不可能的。在当下，这种“万金油”式的律师即使有，其提供的服务质量也是值得商榷的。一个律师穷其一生，如果能在一至两个领域获得声名，已经是非常厉害的了。

专注还是为了生存？这就像“先有鸡还是先有蛋”的问题，如果不给出一定的前提条件是无解的。强调专注，会失去眼前赚钱的机会；强调生存，会迷失在事务里，看不清未来。我觉得做律师前最好有些社会阅历和经济积累，因为律师职业非常考验人性和耐力，律师常常要面对难以抵挡的诱惑，就像面对希腊神话中海妖的歌声，稍有松懈，即会迷失心性而无力自拔。

我最终选择了专注，因为我相信律师是一种厚积而薄发的职业。因为专注，我尤其注重案件办理的品质；因为专注，我不惜花费大量时间研究案件中的规律；因为专注，我拒绝急功近利地做事，包括谢绝阿里竞争对手的邀约。

我相信律师如果能够专注于一至两个细分领域并持续付出，终会在某一时点爆发能量。

五、关于本书

如果你是初入法律界的新人，渴望通过秘籍提升自己达到高手的境地，那本书只能给你遥指一个方向；如果你是将离职的法律圈或其他行业的翘楚，准备投身律界，那本书可以为你提供一种视角；如果你已经是业界的前辈高手，那本书是一种深深的致敬。无论如何，世上并无捷径，也无放之四海皆准的道理。

每个人的人生都是独一无二的，只要找到合适的路径，你也可以成为夜空中那朵"不一样的烟火"。最后，我的脑海中闪现的是曾国藩的一句话："结硬寨，打呆仗。"

是为序。

惠　翔

2019 年 7 月 9 日

目录

CONTENTS

第一章

职业转换——理想与现实

从自己熟悉的环境中出走，从日复一日没有挑战的生活中出走，从别人认定你的定型的角色中出走，走向陌生，也走向更广阔的新的自我。

第二章

思维技巧——诉讼与流程

法律的生命在于经验，而非逻辑。

第三章

专业技能——市场与专业

今天很残酷，明天很美好，但是大多数人都死在成功的前一天晚上。

第四章

执业拓展——传统与前沿

如果说互联网科技将大幅改变我们的经济和社会，却独漏法律产业，未免太说不过去了。

第五章

职业感悟——甜酸与苦辣

总在快乐的时候，感到微微的惶恐。在开怀大笑时，流下感动的泪水。我无法相信单纯的幸福。对人生的起伏悲喜，既坦然又不安。

后记

第一章

职业转换——理想与现实

我害怕一种固定而且重复的生活。我害怕自己的生命在固定而且重复的生活中变成一种原地踏步的机械式循环。从自己熟悉的环境中出走，从日复一日没有挑战的生活中出走，从别人认定你的定型的角色中出走，走向陌生，也走向更广阔的新的自我。

——蒋勋《出走》

男人四十——走在理想与现实边缘

有则消息，拨动了很多人的心弦。

2018 年，美国西雅图塔科马机场。29 岁的普通地勤理查德·罗素[①]在结束一天的工作后，偷偷溜上了停机坪上一架庞巴迪 Q400 客机的驾驶舱，把飞机开上了天，90 分钟后飞机坠毁，理查德·罗素没有生还。

最令人唏嘘的是，他临终前与塔台的对话：

“我不知道该怎么降落，其实我本来就没打算降落。”

每个人或多或少都会面临这样的至暗时刻，特别是对于中年人而言，某一天醒来或是当一天结束时，会突然感觉自己很陌生，甚至是面目可憎。

我还记得第一次走进法院的情形，那年香港地区回归。我入职的法院坐落于破旧街道的一隅，走廊里刷着绿漆，冬天办公室还用火炉取暖。但我没在那里待一天，因为旋即被分配到街道派出法庭。那时案件很少，调解率很高。我们的制服上有红色天平的肩章[②]，人们对法官很尊敬，却不太知道我们和街道工作人员的区别。

之后，进入新千年。法院大楼落成，城市法庭撤销，我们的制服也换成了法袍。法院条件大为改善，一切都是崭新的。

2007 年，我第一次走出国门。同行的有 23 个和我一样年轻的法官，平均年龄不到 35 岁。我们来自全市各个法院，代表上海青年法官赴美国进行司法交流。

---

① 罗素被媒体称为“偷飞机去自杀的年轻人”，他没有飞行员执照、没有接受过任何专业训练，仅靠“飞行模拟器游戏”学会了开飞机，第一次上天也是最后一次上天。他驾驶飞机是想去海湾看那条带着夭折幼崽迁徙的虎鲸妈妈。

② 84 款法官制服，当时法官佩戴军警式肩章、头带大檐帽审判。

与其说我们是公务访问，不如说是23只云雀放飞。有三件事印象至深：一是，在入关时遭到了海关反复盘问，可能在美国人眼里我们作为法官却如此年轻，引起了他们的好奇心和怀疑；二是，在参观美国联邦地区法院时看到了悬挂于法庭中和走廊里的现任及历任法官的肖像油画，画中的他们大多白发苍苍、沉着睿智，体现着美国法治精神与法官尊崇的地位；三是，一天晚上于A法官家中做客后，A兴之所至，开车带我们参观了他当初执业的律所，一座静静伫立在月光中的三层小楼，他说律师的经历让他知道如何去做一名法官。

现在回想起来，美国之行确实潜移默化地影响了我。当身着法袍的时候，我感觉更加神圣；当面对律师的时候，我表现得更为谦和。甚至在一同赴美的同学辞职做律师时，我虽然不解，但也觉得无可厚非。只是没想到若干年后，会步其后尘。

生于20世纪70年代的我们，是幸运的一代，赶上中国经济高速发展的40年；但是，我们又是处于时空被急剧压缩的一代，未来正以令人目瞪口呆的方式飞速呈现。上大学时，有个中文BB机就是令人骄傲的事，谁曾想手机从黑白机发展到彩屏，又到智能机，苹果手机的横空出世，打败了诺基亚、摩托罗拉，还打败了佳能等数码相机；互联网、大数据、区块链、人工智能……无不深刻地改变着我们的生活和思维方式。

父亲问我：“怎么街上的银行网点越来越少了？”我说：“我已经记不起来上一次用信用卡是什么时候了，现在出门不用现金，打车都是手机支付，不要说您这辈，就是我们，也需要努力才能跟得上时代的变化。”

三十九岁的时候，我面临两种选择：一是顺着原先的轨迹，也许能安然退休；二是脱离原先的轨道，拥抱变化。我选择了后者。不是基于勇气，而是基于时代。

有的人活了一辈子，最后发现这一辈子只是像一天一样度过，而有的人则希望一天像一辈子一样度过，只要精彩就无憾。没有对错。选择而已。

想起理查德·罗素坠毁前和塔台的对话：

“我有点儿头晕。哥儿们，旁边的景色过得好快，我在想，我要好好看看这些风景，享受这一刻的宁静。一切都很美……”

世人很快会遗忘。

但，总会有人记住你曾经的努力。

人生蹦极：从法官到合伙人律师（上）

离别法院，挥一挥衣袖，只带走过往

有人说，有两件事要不得：年轻时胆子太小，中年时胆子太大。

我恰恰反其道而行之。39 岁的我宣布辞去法官职务时，所有同事包括领导都大跌眼镜，因为大家都认为我天生适合做法官，谨言慎行，又写得一手“辨法析理”的好判词。

然而，我自己觉得，“谨言慎行又写得一手好判词”的法官在法院里比比皆是。人到中年，面临着“向左走、向右走”的问题，是成为那个大腹便便的中年油腻男（法官久坐而勤思，容易出油），一眼看得到自己退休的样子，还是体验一把心跳的感觉，重新找寻人生的坐标？

那段日子，我每天像在悬崖边行走，一会儿雄心万丈，一会儿胆战心惊，一会儿心灰意懒，甚至梦见自己从此过着“朝不保夕”的生活。但是，经历了无数次的心理斗争后，我还是决定来一次人生的“蹦极”。因为，那年清明节给先人祭扫墓地时，我突然悟出了一个道理：人生很短暂，有些东西错过了就永不再来，为什么不给自己一次纵身一跃的机会呢？当再睁开眼睛面对阳光时，也许能够体验不同的人生。

说是说得潇洒，但当这一天真的来到时，我还是禁不住热泪盈眶，毕竟法院是我奉献了 16 年青春与汗水的地方，而且法院给了我长期系统的训练，教会了我思考的路径，帮我建立了专业自信，又让我结识许多优秀的同人，给了我家一样的感觉。

现在回想起来，从4月递交辞呈到7月法院下达《公务员辞职通知书》，其中的许多故事和体验还是很值得说道说道的。

关于转换职业的心理准备。俗话说：“成大事者不纠结。”但是，在递交了辞职信等待批准的日子里，心态还是会发生些许变化。如果说不曾有过一丝后悔，那是假的。但一旦做出决定，就要遵从内心的选择，因为反复显然是不可取的。同时，你会意识到与别人的不同，有些人会好奇，有些人会猜测，有些人会质疑，有些人会惋惜，你要做的就是尽可能以平常心对待每一个人，保持微笑。同时，最重要的是，只要一天不走，就认真地对待自己手头的工作，站好最后一班岗。当时，我手中还剩下近20件案件，我照常开庭、调解、写判决书，从容地把案件处理完毕，不把“后遗症”留给我的同事，因为我知道他们已经足够辛苦。

在完成本职工作的同时，我开始有意识地阅读一些关于律师的人物传记和业务书籍，并把拟辞职做律师的消息一一告知亲朋好友，向他们解释辞职的理由，力争得到别人的理解和支持。

关于转换职业的物质准备。首先，你需要得到家人的支持。因为，每月固定领到工资已经成了习惯，打破这个心理习惯不但对你自己，对你的家人也是一种全新的考验。所以，如果没有准备好做授薪律师，那么，请准备好一笔存款，安排好房贷、车贷，安抚好另一半的心情。其次，在递交辞职信之前，请彻底做一次身体的体检，确保身体不会拖你的后腿，因为“身体是革命的本钱”。辞职前，我给自己的任务是“戒烟”，把烟戒了，我才有信心说服自己，无论遇到什么困难，我的身体和精神都不会先垮掉。最后，梳理你的职业过往，并留下证明。你的过往和荣誉，都是你未来职业的背书，不要把它们像废纸一样扔掉。我离开法院时，整理装订了整整10册裁判文书合集，这是我办案10余年的最大财富。虽然之后一次都没有向客户展示过，但我知道，它已经转化成我独特的气场，写在我的脸上，落实在我接待客户的每一句言语中。

关于感恩。辞职方见人心。有些人迟迟下不了辞职的决心，是因为看不清自己和别人，不知道所谓“人脉”在辞职后还能发挥多少作用。我的想法是：帮忙是情分，不帮是本分。如果帮了，一定要常怀感恩之心。在我准备离开法院的日子里，就发生了很多令我感动的事。

第一件事：递交辞呈时，我其实手里还有20多个案件，如果全部处理完毕，估计我到当年年底也走不了。庭长发动其他承办人接我的案件，大家都没有怨言。最后，没开过庭的案件移交给其他承办法官，我则留下了开过庭的案件。

第二件事：在我负责的审判团队中，小伙伴们送了我三样礼物：一是最后一次“合议庭评议笔录”，审判团队成员回顾了我们长期以来的合作，以合议庭评议的形式准许了我的离开，并祝我在新的领域里继续成为“惠老师”。二是一条漂亮的领带，祝愿我在客户面前保持帅气的形象。三是一支派克钢笔，预祝我今后“签大单”（这些都已经一一实现了，再次感谢当年的小伙伴们）。

第三件事：我最后一个案件，是一件非常复杂的商业租赁案件，双方律师都非常专业和敬业。本来这个案件多次调解，双方都存有分歧，但当我告诉他们，这是我法官生涯的最后一个案件时，他们先是非常吃惊，然后就开始和各自当事人反复沟通，最后促使案件成功调解。签完笔录后，我叫住两位律师，感谢他们为我的法官生涯画上了圆满的句号，我们三个就着落日照进法庭的余晖合了影，这成为我在法院里的最后一个珍贵的影像。

总之，辞职是一种奇特的冒险，就像走进婚姻一样，你需要和过往的日子告别，得到别人的祝福，在认识你的人心中留下值得信赖的背影，从而开始下一段未知的旅程。

人生蹦极：从法官到合伙人律师（中）

你好，惠律师！

《北京人在纽约》中有一句经典台词：如果你爱一个人，把他送到纽约，因为那里是天堂；如果你恨一个人，把他送到纽约，因为那里是地狱。

我把自己亲手扔在了天堂和地狱的交界处，因为那里有一个关卡叫作“中年转型”。现在回想起来，人生蹦极就是：你不知道下一秒将落向哪里，直到命运之绳把你重新拉回。

身份转换之痛。“你好，惠律师！”这一声普普通通的问候，我是辞职三个月以后才开始慢慢适应的。早晨出门，本应往律所方向，却习惯性地奔向法院方向，直到看到法院的大门才猛然惊醒；到法院开庭，只能坐在旁听席上，看律所同事们和对手唇枪舌剑，台上法官的审理思路和发问导向虽然听得真切，但无权发言，只能憋着一股劲儿。最难以忍受的是，没有身份，连调查个户籍信息的资格都没有。好在法官原本就不是“官”（不需要太考虑面子问题），而且当时凭个人身份证还能到上海各个房地产交易中心调取房屋权属登记信息，我才算是没有“彻底废掉”的感觉，直到拿到律师执业证。

思维转换之痛。同是法律人，“像法官一样思考”和“像律师一样思考”完全是两个星球的事情，思维转换更不是一朝一夕就能意识到和完成的。举一个简单的例子：法官头脑中极少有“成本与收益”概念。（法官）在法院开一个会，时间成本和机会成本可以忽略不计，因为工资是由国家固定发放的，开会是在完成法院下达的任务。如果不是事先被告知发言的话，我一定是尽量往后坐的，讲话不但费脑子，还言多必失。但是，律师开会，成本完全自己负担，有没有收益要靠自己争取。无论如何，都应该力争发言，因为没有发言，就无法吸引关注（这一点律师很像销售），不但没有收益，还白白付出成本。我也是做了几次“吃瓜群众”后，才悟出了这个道理。从此，我从一个不喜言辞之人变成了一个会主动“刷存在感”之人，因为每次有效的开会，都是展示自己专业的机会，都是积累人脉的过程，甚至是获得案件委托的渠道。但前提是：远离舒适区，不断地提升自己的价值。

禁业期之痛。法官转行做律师，根据法律规定两年内不能以诉讼代理人的身份代理案件，终身不能回原任职法院代理案件。虽然，从内心里我是极其赞成“司法隔离”的，但从个人职业发展角度来说，两年时间，又足以使物是人非，武功荒废。不能亲自代理案件，意味着办案质效和客户体验都不稳定，最终影响律师口碑的建立。所以我认识的很多离职法官，一开始基本都去了企业做法务，大家的想法是“熬过”禁业期再说。

但是，经过权衡以后，我还是决定直接做律师。第一，16 年法院办案的优秀经历，是我的核心竞争力所在，如果经过企业工作的“冷却期”，竞争力会存在削弱的风险；第二，时间的积累和沉淀对于任何一名律师都是必不可少的，早入行一天，就早一天深入了解律师职业的发展规律；第三，中年转行，很难像年轻人一样承担试错的成本；第四，个人的私心或傲气，使我不愿从头再适应领导或老板的风格。

庆幸我当年的决定，不但未让我失去自己的锐度，相反还帮助我走出了律师协作的第一步，识人、选人、用人，不断地谋划项目和协调组织，提前培养了我进阶合伙人的格局、能力和视野，虽然看上去利益没有最大化，但却避免因为“单打独斗”而在低纬度发展中徘徊的误区，也算是“无心之得”。

发展方向之痛。律师是最自由的职业，但其中也包括“饿死”的自由。业界流行的说法是：一个月没案子很轻松，两个月没案子心里长草，三个月没案子会抓狂。因此，律师时时刻刻都在与人性斗争，我的书橱里至今还摆放着很多没有翻过几次的法律书籍，如新三板之类的图书就是自己选择焦虑的产物。初期执业时，没有顾问单位，只接到一些熟人介绍的、标的不大的房屋拆迁、租赁案件，然而办案成本却很高，哪怕是调查、立案有时都需要跑很多次。在这种情况下，也曾考虑往非诉方向发展。然而，从头学起，没有商业、金融背景，没有成功案例，想要获得项目委托谈何容易，即使获得了，也很难达到专业非诉律师的服务水准。痛定思痛，我决定还是要做自己擅长的事，把时间花在诉讼专业化道路上。

我赶上了好时代。互联网实际是打破信息垄断的利器，以往“法律顾问（渠道）+ 诉讼委托（变现）”的传统模式正在被悄悄地颠覆，与其做“万金油”，不如做“开山斧”。于是，我一方面积累成功案例和用户口碑，另一方面积累各类写作素材。为的是等待一个契机。

当然，转型中的痛点远非上述几点能够概括。可以说，两年之内，我基本都在探索转型之路、突围之路。

这里有几点心得和其他意图加入诉讼律师行列的法律人分享：

第一，打造核心竞争力。找到自己的优势和兴趣所在，把它发挥到极致。极致是一种态度，就像做寿司，“量贩师傅”和“寿司名家”对于细节的关注程度永远都是不一样的。同样，做批量案件和单个案件的诉讼律师对于案件策略的理解也是不一致的；极致是一种体验，让用户有超过预期的惊喜，如客户预期要输的案件反而赢了，或是在接受 A 服务的过程中发现律师还能提供 B 服务；极致又是一种运营，如通过案件预测告诉客户每一步的大致走向，或是通过结案报告告诉客户：赢为什么赢，输为什么输？让客户了解律师在优质服务中付出了多少努力。

第二，保持专注。诉讼律师的最大难点：难以复制（世上没有完全相同的两个诉讼案件）。诉讼律师的最大优势：技术壁垒（文书写作以及出庭，样样皆是文章）。这是一个硬币的两面。若想在诉讼领域内有所突破，形成个人品牌或技术壁垒，必须聚焦于某一点或某两点，持续投入。任何人都逃脱不了“1 万小时”定律，在这个过程中自然会淘汰“心猿意马”的律师，人性使然，所以金字塔尖并不拥挤。

第三，别着急、等风起。同样一个案子，（诉讼律师）30 岁时和 40 岁时能收到的律师费不会相同。当然，这里的 30 岁、40 岁并不是指一个单纯的年龄维度，而是指资历和经验度不同的律师带给客户的价值和信赖度也不一样。所以，在你30岁时不要为接不到大案、赚不到大钱而焦虑，做好自己、做好专业，40岁时自然有风来。

我就是这样度过我的律师初级阶段的，不惧人生低点，等待反弹。

人生蹦极：从法官到合伙人律师（下）

——吸引力法则

草蛇灰线，伏脉千里。

2013 年，十二届全国人大召开，选举出了新一届的国家机构及领导人，中国进入新的经济发展“快车道”。2013 年，我离开法院创业。2013 年，移动互联网商业化开启。董冬冬等七名合伙人联合创业，创立 O2O 模式的瀛和律师机构，并开设了位于上海的第一家旗舰律所——上海瀛东律师事务所。

这些线索看似无关，各自发展，但却在某一点汇集。2015 年 2 月，我决定离开原律所加盟上海瀛东律师事务所，成为瀛东律所引进的第一名离职法官。当时，我们都在蛰伏期，但彼此都跃跃欲试。

关于律所主任

冬冬是个跑者，用他的话来说是“停不下折腾的人”，而我是个思想保守的人，辞职已经是我惊世骇俗的“一跃”，于他只是常态。他先后做过新华社记者、律师、律所管理人、律所主任、公司 CEO，每天不是在创业，就是在创业的路上。

冬冬又是个文人，不断用文字记录生活，于创业的间隙写下了几百篇的博客，最后汇聚成一本书《谁的青春不热血》。

冬冬还是个思考者。他认为：“除了找到合伙人，没有第二条路径能通往成功。”合伙人必须平等、分享、包容，领导者必须做好自己，放下小我，成人达己；互联网必将改变律师业的生态，包括律所的管理和组织形式；人必须不断提高自己的“势能”，势能蓄积越高，对别人的影响力越大，解决问题的层次和能力越强。

这些思考与我的思考在很多地方不谋而合。冬冬认为，我是一个“有内容”的人，需要用某种形式表达出来。于是，我听从了他的建议，开始写作。《向左走、向右走》《律师的苦累与取舍》《法官的世界》等文章都是那个时期的作品，虽然很粗糙，但确实是打开了自己的心扉，同时也让世人得以一窥法律人的内心世界。

关于律师搭档

律师一般两两搭档，把“苦涩”减半，把“幸福”加倍。我的搭档仲律师是个思维活跃、业务能力很强又情商极高的人。用他的话来说，如果不是他，我现在一定在“宛平南路 600 号”（上海市某精神卫生机构，意指我每天思考得太多），我则反唇相讥，如果你早点遇到我，头发就不会“地中海”了（因为对未来战略想得太少，所以每年要辛苦开几百个庭）。

其实我们是相互包容、相互补缺、相互成全。

说起我们的相识，还颇为传奇。我曾主审过他代理的案件，给他留下了深刻的印象。他在帮“瀛东所”张罗人才的过程中，得知了我离职的消息，欣喜万分，以“翔粉”的名义约我见面，最后还是我埋的单（套路很深）。但，这单埋得值，我自此知道有批生机勃勃的年轻人的存在。

后来，我们进行了深度合作。彼时，我已经积累了一些大客户，但刚出禁业期，律师端的庭审经验尚不足，仲律师丰富的诉讼律师经验正好拾遗补阙；而我丰富的裁判经验和对案件独特的思考角度，又让他获益匪浅。很快，我就能像“老律师”一样出庭了，仲律师则谋划着将客户升级、将代理策略升级，我们俩的业务都迎来了爆发式的增长。

2016 年，我从名誉高伙升级为权益高伙。仲律师则从合伙人升级为高伙，直至权益高伙。

关于业务发展

案源如何来？如何宣传自己，发展业务？这是每个律师都要面临的生存和发展问题。

2013 年离开法院时，我没有一个现成的客户，也没有一个财大气粗的老板朋友。2017 年，我已经有了像“阿里巴巴集团”这样的顶级客户。很多人问我是如何做到的，我的答案是：做好自己、做好专业、做好品牌。

“做好自己”。互联网时代，个人崛起，万舸争流。如何在万千律师中具有独特性？首先要自知，清楚自己的优势在哪？自己热爱的领域在哪？把自己的优势、自己的兴趣发挥到极致。我就是把自己对法律思维的理解和对文字表达的兴趣持续结合，边办案、边总结、边分享，从而在业界具有了一定的独特性。其次是自律，我们处于信息爆炸和快速消费时代，外界的诱惑无时不考验着我们的内心，要学会甄别和拒绝无用的信息、邀约、饭局、案件等，聚焦于战略，落实于执行。比如，以互联网产业链条为线索，打造自己的系列法律服务产品，凡是与发展战略不符的，都予以舍弃或转移。最后是自信，认可自己的能力，也知道自己的边界，知道何时需要合作以及与什么人合作，并在做任何事时都显示出自己独特的视角和气场，通过团队协作给自己赋能。

“做好专业”。专业是什么？专业是一种以法律运用能力为基础的整体解决问题的能力，是律师执业素养的可视化能力。专业首先是强大的法律判断能力，直观体现就是案件胜诉率，举个例子：2015 年我开始与阿里巴巴集团合作，至 2018 年，所有代理案件无论是名誉权案件、不正当竞争案件，还是基于电商平台规则的买卖合同案件，全部成功达成目标，所以在合作过程中赢得了客户的高度认可；专业又是一定的思辨能力，就是要知道案件适用规则是特殊性规则还是普适性规则，以及该规则的起源、发展、变化、主流观点和司法实践，才能在代理中有效影响法官的裁判结果，甚至是给对手以“降维打击”；专业还是自我管理、营销包装、交际整合等一系列能力的体现。比如说天同所通过招录最高院离职法官、出版“天同码”系列法律专业书籍、搭建“无讼”App 平台等方式，体现了其在高端民商事诉讼领域内的专业度。

“做好品牌”。品牌其实就是和特定的客户群体建立信任度的问题。欲做品牌，必须考虑三个问题：定位、资源和服务能力。

定位就是战略目标，就是你要做什么样的律师的问题。诉讼律师有三种类型：一是工兵型律师，中规中矩，善于执行；二是创意型律师，通晓法律和诉讼策略，善于动脑，而且能提炼并复制创意；三是战略型律师，拥有多种跨界技能与思维，能够为客户提供综合解决方案，为行业提供法律服务标准。不同定位的律师选择的客户群体和宣传方式也不一样。

资源就是律师为建立品牌可以投入的物质或非物质条件，如教育背景、职业经历、人脉关系、行业地位、宣传预算、执业平台等。

服务能力就是与品牌相适应的法律问题解决能力。例如，战略型律师应有一定的法律定制化服务能力，客户要求就一类法律问题表达观点、诉诸舆论时，可以通过组织法律研讨、提交专家论证、发表专业文章等形式，让己方观点更具有权威性、专业性、普适性，从而间接影响立法和司法机关。

以我为例，我根据自身16年的司法经验+逻辑思维能力+文字处理能力+专注能力，初期定位自己是创意型律师，标签是：专注于像法官一样思考的房地产诉讼律师，专门处理与房地产有关的商事争议。之后，根据市场和客户以及自身学习能力的情况，逐步进行升级，向战略型律师过渡。和阿里的结缘，使我获得了转型的重要助力。比如，去年以"阿里巴巴法律顾问"名义发起的针对"网络水军万篇黑稿事件"的维权行动，就以我的一篇个人微博《舆论异常操作，特向社会公布》发端，引起国内舆论的持续关注，最终引发最高院刊载署名文章《卢建平：网络空间言论的法律边界》一文，客观上为应对阿里集团遭遇的有组织的网络谣言攻击起到了"正视听、消影响"的效果。

现在我的品牌标签已升级成：聚焦企业战略的"互联网+"律师，越来越多的互联网企业以及国有大型企业成为我的客户。

关于律所平台

律师为什么要加入某一个律所执业？无非是考虑以下因素：

1. 提成比例或收益率。简单地说，就是创收扣除需要向国家缴纳的税收和向律所缴纳的管理费后的利润除以创收的比例。这个提成比例（收益率）不是越高越好，收益率越高，律所能提供的公共服务越少。也不是越低越好，收益率过低，律师创收积极性将大大受挫。

2. 匹配度。律所的主营方向和律师的执业发展领域是否吻合，是否有适当的专业分工以及协作氛围和机制，这些决定律师在平台的成长性。

3. 存在感、归属感、幸福感等附加因素。好的律所与律师的关系并不是简单的挂靠关系，而是共生共荣的关系。如果律所不能正确对待律师，给律师以职业归属感与尊荣感，涸泽而渔，则律师流失是迟早的事；而律师如果仅将律所当作挣钱的场所，不能将自身发展与律所发展紧密结合起来，被边缘化甚至淘汰也是大概率事件。

选择瀛东平台并成为权益合伙人，既是我人生的机遇，也是挑战。说是机遇，是因为当时我是第一个加盟的离职法官，因此成了律所的开山元老，并成为争议解决部的负责人，一下子跨越了律师发展的若干阶段；说是挑战，是因为瀛东律所成立时间不长，并无品牌溢价，而我的创收指标却要从原先的不足百万在短时间内跨越至数百万级，压力不可谓不大。

现在回想起来，“爬坡”成功的因素主要有以下几点：

1. 瀛东理念。“无兄弟，不瀛和”，瀛东人确实创造了平等、分享、包容的新型律所文化，使每个人都能感受到集体的温暖和正能量，不管遇到什么矛盾，都能放到台面上讨论、争吵、解决。不管遇到什么困难，都能得到其他合伙人的帮助和指点。

2. 瀛东机制。瀛东的分配机制是“官兵一致”，无论是高级合伙人还是普通的提成律师，都是适用同一提成比例，用管理费收入去覆盖运营成本，这种原始共产主义避免了合伙人间因为成本分摊和利益分成而心生芥蒂，也避免了合伙人因创收压力过大而导致的急功近利。

3. 瀛东氛围。瀛东倡导学习和分享的氛围。我在瀛东完成了思维升级，用互联网的裂变模式去运营案件、维护客户、建立品牌，取得了明显的成效。

写下这些文字的时候，上海瀛东又开启了新的一轮发展，除原大厦顶层的2000平方米运营面积外，新租赁了同楼的另一层2000平方米办公场所。我们的发展目标是“200人左右的适度规模、高端商务、令人尊敬的综合性大型律所”。

我的发展经历告诉我，吸引力法则就是：

你坚持相信什么，就会发生什么。

法律人的明天会怎样

刚刚结束的首届法考（国家统一法律职业资格考试），全国的报名人数达到60.4万人。一个明显的变化是，命题人的出题思路从理论法学向应用法学大幅度转变，很多题目都源于真实的生活。因此，许多考生吐槽："我完全怀疑自己的智商——完全怀疑。"

其实，这就是法律人的真实写照。"法律的生命在于经验，而不在于逻辑"，从"纸面的法律"到"应用的法律"，有很长的路要走。何况我们正处于通向未来的路口，信息技术将颠覆许多职业的传统模式，法律也不例外。当人工智能变得越来越强大时，法律人应当如何自处？

一、一个好消息是，我们会变得强大

很多书中都描绘了未来的图景，人工智能终有一天会超越人类，人类将被奴役。其实，我倒不认为会有这一天，因为不能将"智能"等同于"心智"。人性是最复杂的，就像《三体》小说中三体人的"智子"能够监视人类社会的一切信息，却不能监视人类深藏的内心世界，所以才会有"面壁计划"的实施。

人工智能将会像曾经的水力、电力、网络一样，延伸人类的能力。

正所谓"君子善假于物，增益其所不能"，未来能够善于利用人工智能的法律人，将会在竞争中获得优势。

人工智能可以帮助我们专注于法律学习，无数的部门法律概念、法律规范、司法判例将会被压缩、打包、分类存储，从而便于理解和检索，学习效率将大大提高。原先我们穷尽一生只能研究一至两个领域（如公司法＋合同法），现在可以更容易迁移到其他法律领域。

人工智能可以在具体应用时为我们提供基础支持。比如要了解商事领域内对"伪造公章签订合同是否构成表见代理"的裁判规则，机器人助理可以给我们提供一份检索报告，列明各级法院（特别是管辖地法院以及上级法院）的相似案例、案情分析、法律条款、裁判观点以及理论支撑等，并且可以模拟诉讼进程，帮助法官完善"同案同判"或帮助律师完善诉讼策略。

人工智能还可以帮助我们提高司法效率。比如在线简易开庭、虚拟法庭开庭，客户和律师不必往来奔波，只要在所在城市法院的司法服务中心完成身份识别、使用法庭专用设备即可。只有特别重大案件，法院才会采取现实庭审方式，以营造必要的神圣感和终局感。

另外一个可以想见的事实是，由于司法大数据的累积，人工智能将可以预测诉讼结果，甚至可以由机器人主持诉前证据开示以及调解程序，调解率将大大得以提升，进入正式审判程序的案件将大为减少，这有助于缓解初审法院法官的压力。

二、另一个好消息是，法律服务成本将会降低

现阶段而言，法律服务是昂贵的。

首先，司法有效供给不足。随便到中国的哪个一线城市的基层法院立案大厅参观，都是人满为患。若干年前，人们习惯于通过单位解决纠纷，而现在习惯于通过法院解决纠纷，反映了中国"从熟人社会到陌生人社会"的变化。但法院还是那么多人，甚至法官群体由于压力大、收入低存在一定的离职现象，去处从政府机关、国有企事业单位到民营企业、律所不等，虽然这是泛法律圈流动的必然现象，但短时期内无疑加剧了司法供给的不足。

其次，法律服务成本高昂。以律师业为例，2017 年 12 月 20 日，《商法》发布《中国律师事务所费率调查》一文，称 2017 年律师费的平均小时费率是人民币 2788 元（美元 420 元）。但是，平均费率高并不意味着律师的日子好过。律师的成本同样高昂。律师的成本来自终身学习、培训和交际成本、雇用辅助人员的

成本、未来保障的成本以及司法供给不足的替代成本。其他不说，一个案件立案、审判、执行的难易，都将影响律师服务的成本高低。另外，律师主要还是以自身为基本生产资料的职业，随着年龄的增加，人力部分的资源处于不断消耗的状态，甚至是过度消耗。近年来，全国各地多名中青年律师猝死，反映了这个行业高竞争、高淘汰、快节奏的残酷现实。

人工智能的发展，使法官、律师有可能配备机器人助理，它们任劳任怨、不知疲倦、没有负面情绪且不需要养老，法律人的重复性劳动强度会大大降低，并且成本也会随之降低。成本降低意味着供给能力的增加，法律服务过于昂贵的情况将得到极大的缓解。

三、到底是好消息，还是坏消息

对整个社会来说，替代性产品的增加将导致商品或服务价格的下降。

然而，对于法律人来说，这是否意味着某种坏消息呢？原来再苦、再累，法律人还是有存在的价值。但是，法律人工智能的快速发展，会冲击传统的法律职业，如法庭速录员、律师助理等。甚至连法官、律师的地位都岌岌可危，如果机器干得更好，为什么还要选择会犯错误的人类呢？

其实大可不必过于忧虑，有如下三点理由：

第一，由于人性和社会生活的复杂性，不可能把所有人类规则和活动都转化为计算机代码。就好比同样是点头，中国人表示的是“同意”，而日本人表示的是“知道了”。另外，人工智能没有人类的心智，难以理解情感、文化、价值观、暗示和默示、约定俗成这些非标准化语言。工具理性决定了人工智能必然在法律决策中处于辅助地位。

第二，人工智能的开发难度和应用成本高。人工智能的高低取决于数据和算法。“1+1=2”中，“1”和“1”是数据，“+”是算法，“2”是结论。可见要保证结果正确，数据的真实和算法的科学都必不可少。然而，现有的司法数据不能反映出真实的裁判决策过程，如法官心证、合议庭、审委会的讨论以及社会舆论的影响等；“类案不同判甚至矛盾”现象普遍存在；现有算法难以提炼出科学的法律决策规律；既懂数学语言（定量）又懂法律语言（定性）的跨界人才稀少，这些都决定了人工智能的开发难度巨大。在应用层面，购买成本高是个问题，围绕应用的规则设计又是一个问题。如机器辅助裁判发生错误如何进行追责？

第三，法律实施具有复杂性。首先，法律永远滞后于现实生活。如目前热门的“大数据”，谁拥有所有权，谁拥有使用权？原来根据洛克的劳动报酬理论，“只要人类使任何东西脱离自然赋予它的原始状态，他就已经掺进他的劳动，在此之上掺杂他自己拥有的某些东西，他就可以使它成为自己的财产”，那么收集网络数据进行分析、加工的企业就应当拥有数据的所有权，但问题是原始数据并不来自自然界，而是与特定用户人身密不可分，且根据“物权法定原则”，我国尚未对数据财产归属做出明确规定，故任何主体对数据信息主张所有权都没有法律依据。但这并不妨碍法官依据原则性条款裁判案件，如杭州互联网法院对原告淘宝（中国）软件有限公司诉安徽美景信息科技有限公司不正当竞争纠纷的一审判决中，就认为淘宝公司依据与用户的约定享有原始数据的使用权，而对衍生的大数据产品享有竞争性财产权益。这是对数据权利的创造性诠释。

其次，法律永远不可能事无巨细地规定社会生活的每个方面。为了适应不同的情事，法律规范中有很多概括性或授权性规定，需要法官自由裁量，如刑法中的“正当防卫”。前段时间闹得沸沸扬扬的“电车男反杀宝马男”事件，无疑做了一次很好的全民普法。争议的焦点在于，在“宝马男”腹部中刀倒地后起身跑向汽车的过程中，“电车男”继续追砍是否“明显超过必要的限度”。与网民群情激奋一致支持“电车男”形成鲜明对比的是，法律圈存在着三种观点：正当防卫、防卫过当、故意伤害致人死亡，反映了司法实务界对于“正当防卫”认定存在保守性倾向。司法的难处在于既要超越民众朴素的情绪居中裁判，又要代入普通人的情境中去感同身受。特殊个案需要拿捏分寸，这无疑是人工智能所不能胜任的。

最后，法律还要经常面临政治、经济、道德伦理冲突的考验，如 1884 年英国海难食人案，三名船员杀死一名船员，靠吃其尸体支撑到获救。这个案件的审判引起了英国民众关于“结果主义”和“绝对主义”的讨论[①]，并最终影响了西方现代民主政治制度。

四、拥抱未来，法律人应当做什么

“这是最坏的时代，亦是最好的时代。”虽然法律人面临人工智能的全面挑战还是较为遥远的危险，但法律科技的冲击已是不争的事实。“奔向冰球的方向而非冰球所在。”[②]从现在开始，法律人应当“居安思危”，开启进阶模式。

1. 接纳法律技术，用技术武装自己。人工智能的主要应用场景是需要大量数据分析和处理的领域，如法律数据库检索、标准化合同审阅、电子取证、法律文件自动生成、案件大数据预测等。在这些领域，法律人可以摆脱重复性劳动，形成人机协同，从而大大提升法律服务能力。

2. 培养勇气，对抗一切歧视和不平等。就像工业社会消弭了体力上的不平等，但又带来资源分配的不平等一样。在信息社会，同样会面临技术的不平等。算法作为编程技术，天然带有“人”的烙印，歧视和错误不可避免。汤姆·克鲁斯主演的《少数派报告》就是最好的预演，当算法成为一种新的权力时，不盲从算法的结果，法律人仍需要勇气。

3. 训练心智，提高抽象思维能力和伦理道德判断能力。不管法律实施过程如何复杂，其最终目的仍然是实现公平正义。法律人应当从无数案件的办理中抽象出一种直觉的判断，即公平正义应当符合社会发展方向和大多数人的认知及价值判断，才不会在纷繁复杂的信息中迷失方向。

4. 持续学习，提高跨界整合能力。就像现在法律服务涉及商业、金融、会计、税务等多学科知识，今后法律人还需要掌握必要的计算机知识，甚至是跨计算机

① 结果主义是伦理学中的学说，指一个行为的对错要视该行为就总体而言是否达到最高内在价值，而绝对主义（代表人物康德）认为道德有其绝对的道德原则，即道德有一定的准则和行为规范，只需注重动作的意图，而不管结果如何。

② 历史上最优秀的冰球选手之一韦恩的名言，引自理查德·萨斯坎德所著《法律人的明天会怎样？》。

和法律专业，才能找到恰当的计算逻辑和代码来表达法律概念和规则，或是有能力对算法结果提出质疑。

5. 锻炼高阶法律技巧，即写作、出庭、谈判技巧。即使人工智能发展到可以自动执行一部分法律业务，但法律研究、诉讼或仲裁出庭、商业谈判这样体现智力、沟通和想象力高度结合的领域，仍是法律人的核心价值所在。

6. 提高品行，珍惜信用。未来社会，信用即财富。科技的发展使得人们在享受便利的同时，也在承受随时丧失隐私和秘密的风险，因此法律需求在未来仍是多样化的，在需要充分保障隐私和商业秘密的领域，高端客户仍会选择可信赖的律师帮助解决法律问题，而不会选择人工智能。

也许今天的法律人不再有“一个经验用十年”的幸运，但是，见证未来甚至成为未来的一部分，又何尝不是一种幸运？如果今后算法模型中参考了我裁判或代理案例中的决策因素，我会从梦中笑醒。

第二章

思维技巧——诉讼与流程

法律的生命在于经验，而非逻辑。

——美国霍姆斯大法官《普通法》

法官思维与律师思维

作为律师，我们一直努力用律师思维思考问题。但是，当我们真的走上法庭时，我们发现，如果对法官的审理思路一无所知，或者对对手的狡辩毫无准备，对法官的发问摸不着头脑，庭审要么变成走过场，要么变成炼狱。那种被架在火上烤的感觉，非过来人不能体会。

为了在法庭上赢得尊重，获得胜诉，诉讼律师不可或缺的一课是了解法官思维，即学会“像法官一样思考”。

一、律师真的需要“法官思维”吗

很多律师认为，我只要服务好客户就行了，至于诉讼结果，我说了 N 种理由，法官总会采纳其中一两条吧。但事实并非如此。

1. 老师与学生。做学生的时候，我们总是认为自己比老师聪明，特别是上课看个武侠书啥的，认为老师发现不了，没想到总是被抽中回答问题，于是乎各种发蒙。法庭上，法官与律师的关系其实就类似老师和学生的关系，再知名的律师，面对法官的提问，也是不敢托大。其实想通一点就行，法官握有“生杀大权”，即使只是多给你一点陈述理由或补强证据的机会，也好过被打上“孺子不可教”的标签，连翻盘机会也没有。

2. 执业水准。资深律师与资历尚浅的律师的差别是，资历尚浅的律师走一步看一步，资深律师则看三步走一步。造成的区别是，资历尚浅的律师容易在执业中陷入几种不良的状态：第一种是“到处救火”，整个办案过程伴随着挥之不去的焦虑感。第二种是“错误预判”，给客户“惊喜”。如仅凭甲给乙的打款记录，就贸然以民间借贷起诉，乙以甲赠与相抗辩，当法官询问有没有“借贷合意”的时候，原告律师无法自圆其说。事实是，甲打款系让乙代为归还房贷，应以委托合同关系为其请求权基础。第三种是“反主为客”，由于不能把控案件的走向，要么沦为客户的“传声筒”，要么被强势的客户所控制，时刻面临被投诉或被处罚的风险。

3. 案件利益最大化。做过律师的都知道，说服客户委托案件并不容易，如果不能最优化代理结果，其实是一种成本的浪费。一种错误的观点是：如果案件结果不能保证那就“风险代理”吧，万一胜诉了呢？其实恰恰相反，当律师预判案件大概率会胜诉，我们要“放杠杆”（风险收费），如果律师预判案件大概率会败诉，我们则应当“保成本”（固定收费）。法官思维，就是“借我们一双慧眼”的利器。

二、如何把握“法官思维”

法官思维，就是“像法官一样思考”。那么，法官究竟怎样去思考并裁决一个案件呢？法官思维与律师思维究竟有什么不同？

1. “合法性思维”与“合理性思维”

法官思维是典型的“合法性思维”，简言之，就是整个思维过程紧扣法律规范，即“法有明文规定才可为”。法官问得最多的问题是，当事人主张的观点有没有法律依据？当事人主张的事实有没有证据支撑？法官的工作就是不断地在“找法”“找事实”。“找法”的过程，就是梳理法律的内在逻辑。适用法律有个基本原则，就是“特别法优于一般法”，如含违约金条款的“夫妻忠诚协议”的效力判断问题，既牵涉身份法中的《婚姻法》，又牵涉财产法中的《合同法》，但在《合同法》和《婚姻法》中均找不到相关处理依据，这时就得上溯一层，找到共性的“民事法律行为”的效力判断条款，即《民法总则》第一百四十三条（具有相应民事行为能力，意思表示真实，不违反法律、行政法规的强制性规定，不违背公序良俗）作为评判依据。通常而言，“特别”与“一般”不是绝对的，法律规范越“特别”，客观性与保护力度越强，但普适性越差。

“找事实”的过程就是正确适用“举证规则”的过程。举证责任分为“行为意义上的举证责任”和“结果意义上的举证责任”，前者就像双方不断地在法官面前的天平上增添“砝码”，一方“砝码”重了以后，法官允许另一方添加“砝码”，直到形成均势或者新的优势。后者就是，如果双方都无力增添新的砝码，最终天平两边一样重，则根据事先确定的规则裁决一方承担不利后果。

律师思维则是典型的“合理性思维”，即“法无明文禁止即可为”。法律天生具有不周延性，面对纷繁复杂的社会生活，任何成文法都不可能构建一套既完备又不矛盾的法律规则。这就为律师代理创造了空间。于代理原告方而言，律师要尽量去“特别法”中寻找支撑；于代理被告方而言，律师则要尽量模糊“特别法”规范，而去“一般法”中寻找支撑。

同样的道理适用于“事实”范畴。于代理原告方而言，律师要尽可能围绕法律规范的构成要件构建证据事实，于代理被告方而言，律师要围绕法律规范的构成要件消解原告的事实基础。比如原告依据《担保合同》向被告主张担保责任，被告抗辩公章系伪造并申请鉴定，鉴定结论为“被检公章与检材上公章不具有同一性”。原告遂依“表见代理”（权利表象＋善意无过失）规范，举证被告同时间用其他公章与他人签订合同，并申请证人出庭作证。被告除通过庭审盘问，否定证人证词的客观性外，另外提供公司章程（对外担保需经股东会决议）＋原告另外的担保合同（其中有要求担保人提供股东会决议的条款），主张原告并非善意无过失地相信无权代理人有权代表被告签署《担保合同》。此处的攻防，相当于双方各自陈述了一个以法律事实为基础的“故事”，而“故事”均没有明显的不合理性，但最终事实的认定需要法官根据证据规则依法确定。

2.“正义性”思维与“利益性”思维

法官思维是典型的“正义性”思维，即法官的办案程序以及裁判说理都要体现社会的公平正义，这是法律的本质属性所决定的。

法官的“正义性”思维，体现在法官通过庭审调查，会产生一定的“内心确信”，即使一些案件机械适用证据规则就可以作出裁判，但如果法官“内心确信”不支持这样的结论的话，法官依然会通过能动的方式予以衡平。

比如涉及高利贷案件，原告有借据和完整的银行打款记录，被告始终抗辩存在“砍头息”，即原告在本金中预先扣除了利息，但却没有提供任何证据。法官通过检索，发现原告在其他法院经常作为民间借贷的诉讼主体，遂依职权调取被告的取款记录以及银行的监控录像，发现原告转款当日就拿着被告的银行卡去ATM机取款，遂认定相关事实。

此类案件不胜枚举，可以说，法官的“正义性”思维起着监督纠偏的作用。一个裁判哪怕在技术上再完美，只要脱离了公平正义概念，就是一个“恶的判决”，会在其法官生涯中留下不可抹去的污点。

律师思维则是典型的“利益性思维”，即“争取当事人合法权益最大化才是律师的正义”。合法权益包括法律赋予的程序性权利，即所谓“犯罪嫌疑人也有获得律师辩护的权利”。

在民事诉讼中，最典型的冲突体现在法官和律师对于管辖权异议的不同态度上。法官通常认为，根据法律规定，案件管辖权都有明确的规定。当事人频频提出管辖权异议，是对程序正义的消解。

律师则持相反的观点。第一，管辖异议权是法律赋予被告的正当权利，鉴于各地对于法律适用的口径不同，管辖权异议并非没有实体利益，也许同一事实，由A地管辖和B地管辖诉讼结果就不同；第二，民诉法给予被告的答辩期限过短，如果仓促上阵，对委托人的利益将构成重大不利；第三，民诉法虽有“延期开庭”的规定，但过于模糊，实践中很难被法官采纳。

但是，纵有“理由千万条”，如果律师不做好和法官的沟通工作，过于挑战法官的“正义性”思维的话，仍然免不了“客户两行泪”。

3.“多元化”思维与“一元化”思维

法官思维是典型的“多元化”思维。即除了诉讼两造以外，法官还要关注人情事理、国家政策、公共利益、公序良俗、社会稳定乃至案件舆情。因此，法官的视角是宏观的。

律师思维则是典型的“一元化”思维。律师的眼中除了客户利益以外，再无他人，因此，律师的视角是微观的。

但是，如果律师代理案件能够站在法官的角度，会看到很多“看不见的对手”。比如不正当竞争领域的“消费者利益”，经常作为评判竞争行为是否正当的维度标准。又如二审案件中，一审法院的改判发回率，也是二审法官考虑是否改判的参考指标之一，这相当于上诉人多了一个诉讼对手。

当然，如果“多元化”思维运用得当，上诉审中代理律师也可以获得新的路径。比如我们代理的淘宝网络店铺转让的二审案件，就是在上诉审中引入“消费者利益”的维度，重点阐述如果维持原审的“网络店铺不经淘宝平台同意转让亦有效”的裁判观点将使淘宝平台规则事实上解体，从而严重损害消费者的交易安全。最终，二审法院采纳了我们的观点，改判了该起案件。

4.“专业思维”与“超专业思维”

法官思维是典型的“专业思维”。专业思维意味着，法官的思维容易受到法律思维框架的限制。

最典型的是法官裁判的保守性，特别是互联网等技术以及新兴商业模式的飞速发展，很多概念早已超出日常生活经验的范畴，如“粉丝经济”。涉互联网案件中因侵权或违约而产生的“流量损失”，因为难以计量，故法官在确定损失赔偿额或违约金的时候，通常采取较为保守的裁判方式。同一类型案件，更是因为分配到传统民事庭、商事庭、知识产权庭，而有着不同的裁判思路和判决金额。

律师思维则是典型的“超专业思维”。律师是跟着市场走的，更像古代的游牧民族，“逐水草而居”。因此，律师更有兴趣涉猎新技术以及新兴领域的知识。此外，律师担任企业法律顾问，不但要掌握法律知识，还要懂行业、懂市场、懂业务，律师距离客户更近，更了解商业规律。再加上律师的职能不是判断对错，而是解决问题，故律师的思维更为发散，更以结果为导向。

当然，这不是绝对的，法官有个优势，就是办理同类型案件的数量。无数优秀律师为了赢得诉讼，会不遗余力地教授法官了解新技术、新商业模式、新法律观点。因此，法官如果转行做律师，在某个领域更能发挥专业化优势。

三、培养法官思维的路径

以往法官、律师群体泾渭分明，律师不太容易获得关于法官思维的第一手信息，但随着两大法律群体交流的增加，法官成为律师，律师成为法官都并非没有可能。但作为刚执业的年轻律师，如果没有机会成为法官，体验法官的职业、思维和技能，应该如何掌握一定的法官思维呢？以下途径可供参考：

1. 案件合作。我们小时候看电视剧的时候，会觉得主角很弱智，连忠奸善恶都难辨。但是，走上社会后，才发现人性的复杂程度超乎想象。办理案件也是如此，同样的案件，刚执业的年轻律师的出庭提纲可能只有一页，但是资深律师的出庭提纲可能非常复杂。不但要搞清楚法律关系、请求权基础、基本事实、证据强弱，还得预见对方的策略和举动，以及法官可能的审理重点以及发问方向。因此，案件合作中，可以清晰地看到具有法官背景的律师的思维更为贴近法官的真实思维，具有实战指导意义。这个路径是培养法官思维的最直接路径，也是最有效的路径。

2. 判例研究。我国虽然不是判例法国家，但是最高法院公布的指导性案例和各级法院公布的参考性案例或者精品案例，对律师的办案指导意义还是很强的。在研究案例的时候，不但要理解裁判要旨，还得关注其中蕴含的法官思维，法官到底基于什么背景做出该判决，要反复参详，搞清楚法官判案理由的底层逻辑。长期积累，必有所得。

3. 多写复盘文章。有些案件，办理的时候未必是看得最清楚的，但是结案后复盘，通常都会有更深的感悟。如果写成文章，那更是对案件法律关系、争议焦点、成败得失的系统性梳理。通过撰写文章，可以对相关法律规定、司法实践做更深层次的拓展理解，举一反三，弥补办理同类型案件数量上的局限性。毕竟，谁都不能预测（律师）下一个案件是代理原告方，还是代理被告方。

当然，除了法律思维以外，我们更应当认识到，所有的资深律师都是案件“喂出来”的，只有“知行合一”，才能在诉讼场上保持稳定的发挥，赢得案件胜诉，更赢得法官和对手的尊重！

如何开启诉讼律师的战斗模式

所内培训时，经常有非诉讼团队的律师问我："怎么能成为一名诉讼律师？我怎么觉得诉讼律师没那么好做，偶尔做一个诉讼案件稀里糊涂地就输了？"

我说："专业的人做专业的事。诉讼律师得眼里有活、手中有剑、心中有谱。"

所谓"眼里有活"，是指诉讼律师得知道哪些案件可以接，哪些案件不能接，对案件有预判能力。

诉讼律师唯一不变的制胜之道就是"永远站在有理的一方"。这句话值得我们反复说一百遍。但是，知道哪一方是"有理的一方"却是一门大学问，就像世界杯绿茵场上从来不乏弱队爆冷淘汰强队一样，诉讼之中的"有理"也是常常会发生逆转的。所以，就像"法官不得拒绝裁判"一样，很多律师奉行的也是"律师不能拒绝接案"，做起来再说，说不定赢了呢？

但是，对于一名专业诉讼律师而言，这种想法却是危险的。原因是诉讼律师靠口碑生存且精力有限，你要确保自己把时间花在对的事上。试错，不但浪费客户的资源，也是在消耗自己的职业生命。在是否接案的问题上，我们可以参考三个"S"维度的标准：

第一，事。法律世界，事实是基础的维度，离开一定的事实，法律适用就是"空中楼阁"。

第一个问题，什么事？家事、商事还是民事、刑事。不同的事，法官的思维和处理尺度不一样，所以家事律师不一定擅长处理商事纠纷，商事律师也不一定适应民事法官的裁判尺度，看对眼、选对事很重要，但如果律师有跨界经验和思维，则会爆发出意想不到的战斗值。比如说影星王某某离婚案，其代理律师用刑事思维做家事案件，不但用职务侵占罪把原经纪人宋某送入监狱，还在离婚诉讼中获得其妻马某转移夫妻共同财产的强有力的证据，可谓跨界诉讼策略的经典运用。

第二个问题：大事小事？这决定律师需要投入的精力多少和风险大小。比如说，只涉及诉讼双方且不影响核心利益的纠纷就是小事，也就是个案的处理。而不但涉及诉讼双方，而且对一类法律纠纷有示范作用，或者诉讼结果涉及当事人的核心利益的，就是大事。识别大事小事，对律师的预判能力有一定的要求，因为有时看似小案子，却涉及大利益。笔者接手的涉及淘宝的网络店铺转让的二审纠纷，就是这种案件的典型。买卖双方私下转让淘宝店铺，一审判决淘宝配合办理后台实名认证信息的变更，淘宝公司突然发现，如果此案例成立，则淘宝店铺的实名认证制度将形同虚设，大家都可以将信誉等级私下变现，然后将“锅”甩给平台，故我二审中将此案当作一个大案在做，才使案件成功反转。

第三个问题，有没有充足的证据？“打官司就是打证据”，这句话足以说明证据对于诉讼的重要性。但是，证据就像拼图，在开始往往存在缺失的情况。证据不足的时候，要有策略地说服法官给你补强的机会，这个策略通常会和“情理”结合在一起，如日常生活的经验法则、商业惯例、道德判断等。因此，如果是既不占证据优势，又不占情理的事，通常我都会婉言谢绝。

第二，势。诉讼就像战争，天时、地利、人和都很重要。顺势而为，事半功倍；逆势而为，事倍功半。

天时。最典型的例子：在房价暴涨的时候，如果作为买家起诉卖家违约，成功概率远远大于平时，理由是市场上普遍是卖家违约，法院需要重点打击卖家的违约行为，以纠正市场的偏差。

当然，对于被告而言，在不利的“时机”下应诉，就变成“逆势而为”。但是，逆势不代表毫无胜机，被告可以用“借势、造势、消势”等方法来化解原告的优势，以重回均势。

地利，是指管辖等有利于诉讼资源调配的环境条件。有时，说“诉讼就是打管辖”也不为过。所以，诉讼的提起，除了要研究请求权基础之外，首要的就是确立有利于己方的管辖。通常，主场作战，除了以逸待劳之外，还无形中增加了心理优势，并有利于与法官充分沟通，毕竟法庭上留给双方的陈述机会都有限。

人和，是指客户与诉讼团队以及诉讼团队内部的持续信任和契合度。商事诉讼，特别是复杂商事诉讼，比拼的就是对资源消耗的承受度。比如说笔者代理的“天猫商城”诉“帮5买”网关于“流量劫持”的不正当竞争案，就历时两年半时间，其中也经历黑暗的时点，看不清诉讼的走向。如果客户因一些暂时的不利，而失去对律师的信任，或者团队律师内部不能拧成一股绳儿，坚持到底，则很难获得最佳的诉讼结果。

第三，适，即匹配、适应。

第一个问题，律师和客户是否匹配。如果到各个法院蹲守，可以发现律师的气质经常和客户相似。如果律师的气场不足以驾驭客户，则客户疑惑不解，律师战战兢兢。双方在合作中，不能遇到困难，遇到困难则易产生矛盾。轻则律师不能发挥创造力，重则双方相互消耗，都不能集中精力在案件上。

第二个问题，律师与案件是否匹配。前面就已经说过，律师最好是专注于某个细分领域，轻车熟路，则胸有成竹；而且，时间、精力最好匹配，否则同时处理的案件过多，会限制律师的战斗力发挥。

第三个问题，有没有诉讼预案。客户慕名而来，律师自然不愿客户扫兴而去。但是，诉讼的本质是战争，是战争就会有变数。因此，不到万不得已，不要轻易启动诉讼，而是要充分地准备。如果客户对诉讼风险有一定的准备，则诉讼启动后，一是没有过高的期望，二是没有过多的焦虑。给客户提示的风险要掌握到什么尺度呢？我的经验是“三分之二的光明”，就是光明要大于风险，才不至于把“风险提示”变成“风险惊魂”。

所谓“手中有剑”，是指诉讼律师得知道哪些法律武器可以运用，对诉讼技巧有运用能力。

诉讼武器可以分为进攻型和防守型两大类。

第一，进攻型武器，主要有管辖选择、行为保全、财产保全、高额索赔等诉讼手段。

管辖选择，顾名思义，就是主动选择对诉讼有利的管辖连接点，以期尽可能在自己熟悉的场地发动攻击。比如说，事先书面约定诉讼管辖地。一个有意思的现象是，很多涉互联网的企业（哪怕非上海企业）都愿意约定上海市浦东新区法院作为管辖地，原因在于浦东法院审理了非常多的涉互联网案件，在审判思路上更为灵活，更贴近互联网产业的实际。

行为保全，又称“假处分，行为禁令”，是指法院接受一方的申请，预先禁止对方为或不为一定的行为。行为保全原先只适用于商标、专利等知识产权诉讼，但现在被越来越多地运用到普通民事案件中。行为保全是原告方的一大利器，因为一旦对被告发出行为禁令，不但在诉讼伊始就限制被告的诉讼对抗能力，而且表明了法院审理的倾向，因此对被告具有持续的诉讼压力。

财产保全，毋庸多言，措施得当，一下就能遏制住对方的经济命脉，迫使对方进行协商。

高额索赔，诉讼心理战的一种，一般运用于资源不对称的诉讼中，会使对方产生持续性的心理压力。

第二，防守型武器。程序上主要有管辖异议、申请回避、司法鉴定、提起反诉、主体资格异议等反制措施。实体上主要有诉讼时效、除斥期间、违约金过高等主张权利消灭、权利阻却、权利限制的抗辩理由。

需要注意的是，防守型武器不能滥用，以免触发法官对于当事人“诉讼诚信”的质疑。在诉讼中，还是要遵循“进攻是最好的防守”的原则，最好搭配进攻型武器，以发挥防守型武器的最大效用。

所谓“心中有谱”，是指诉讼律师对诉讼策略及技巧的运用开合有度，并能随机应变，推动诉讼的走向。

“法律的生命在于经验，而不在于逻辑。”这是美国法官霍姆斯的至理名言。“经验”在中国社会，就是法官、律师对“度”的把握。中国文化推崇中庸之道，此种文化也深入法律人骨髓，并影响着律师群体的诉讼之道。

第一，律师要对法律有敬畏。律师可以通过智慧为客户争取权益，但必须在法律允许的范围内。律师常常在客户利益与法律的灰色地带游走，所以必须知道哪些可以争取，哪些不能碰，经常看看司法部门的处罚案例会提高对职业风险的认识。

第二，律师要有稳定的心理素质。诉讼存在对抗性，你在研究别人，别人也在研究你。你讲诉讼策略和技巧，别人也懂。特别是客场作战，如果对方通过“主场”来打心理战，你需要做的是面带微笑，不卑不亢，把证据和法律适用向法官阐释清楚。如果案件一时处于不利，你不能自乱阵脚，而是要通过战术调整，把不利变有利。

第三，律师要有灵活多变的战术，以及随机应变的能力。诉讼的魅力在于独特性，每一个案件都独一无二，诉讼的挑战也在于独特性，每一个案件都难以复制。哪怕是立案，有时都在考验律师的智商、情商和“逆商”，比如说，法院立案尺度的松紧有时是随着存案数量以及年度绩效考核的时点变化的，律师应当大致了解法院的风格和口径，才不至于“出师未捷身先死”。须知，案件迟迟不能立案，气势上首先败了一仗，而且极容易失去客户的信任。

最后，寄语想从事诉讼律师职业的年轻律师，“胜败乃兵家常事”，保持平常心，不犯低级错误，才能在这条路上越走越远、越走越强。

起诉那点事

对于当事人来说，做出起诉决定的那一刻一定是愤怒到极点的时刻。而作为具体执行的律师来说，接手起诉工作的那一刻却应当是最冷静、细致而有条不紊的时刻。一百个律师有一百种准备诉讼的方式。下面，想和大家聊聊，作为一名前法官，我是怎么准备起诉材料的。

一、明确客户需求，寻找案件切入点

如同法官审理案件必须以原告的诉讼请求为起点一样，律师也必须牢牢把握住客户需求这个诉讼原点。如果搞不清楚客户的真实需求，律师越努力，错得越厉害。抓住客户的需求看似容易，实则很难。第一，客户往往并不知道自己需要什么；第二，客户不知道哪些诉求是合理并可通过诉讼实现的；第三，客户有时会隐藏事实和真实想法。上述现象的产生，主要是客户缺乏法律思维，无法准确描述案件相关信息以及存在“趋利避害”的心理（或是对律师还不够信任），需要律师通过不断发问的方法来“挖掘”案件目标，归纳达成目标所要解决的若干争点或难点，从而为客户设计合理诉讼路径打下基础。

把握住客户需求这个原点后，律师还要根据案件类型、法律规定的请求权成立的构成要件，在现有事实和证据上寻找核心支撑点，即主干事实；如果主干事实或关键证据缺失，则要么补充证据，要么回溯到问题阶段，看能否通过增删问题来达成目标，如果绕不过去，则要回溯到目标阶段，看能否通过修改目标来满足客户的核心需求。

这个过程可以表述为：需求（目标）—分解问题—事实与证据—结论。

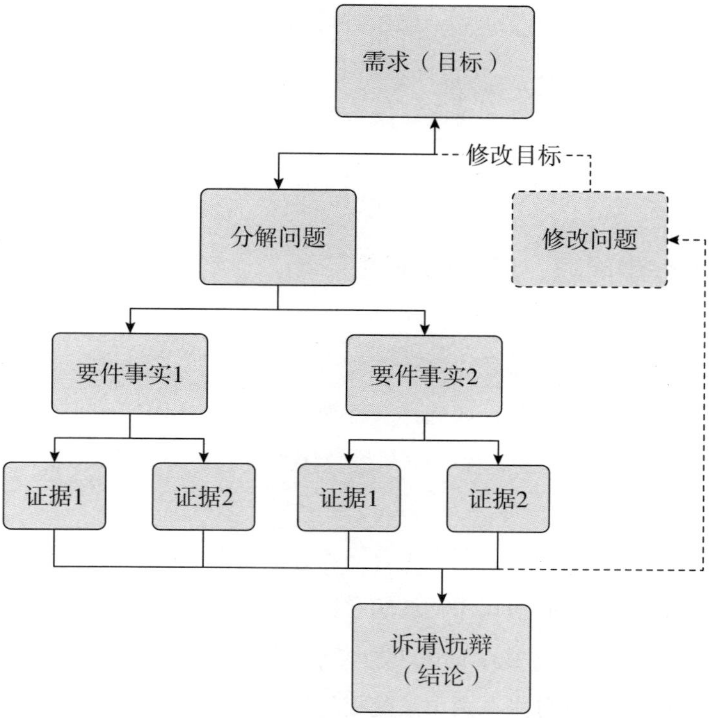

思维导图

以我们代理的一个企业名誉维权案为例，客户遭受“网络黑稿”攻击后，要求在上海提起诉讼进行维权，以正视听。客户和侵权方（文章原创者）的住所地均不在上海。如果要在上海起诉，就必须找到管辖连接点（被告住所地或侵权行为地）。开始，我们遵循习惯性思维，围绕“侵权行为地”进行设计，问题遂分解为：（1）能否以“网络侵权文章及影响”的公证取证地在上海，作为管辖连接点？（2）能否以侵权网络终端设备在上海，作为管辖连接点？我们分析后认为，以公证取证地作为侵权行为地，违反“管辖恒定”原则，法院不予立案的风险较大。而以侵权网络终端设备在上海作为连接点，则无相应的事实与证据，难以实施。这两条路径均是“死胡同”，遂回溯到问题阶段，采取发散性思维。最终我们决定绕开“侵权行为地”，从“被告住所地”入手，问题即变化为：能否找到位于上海的涉嫌共同侵权或帮助侵权的网络转载者？之后，我们通过增加公证过程中找到的符合条件的转载者作为共同被告，成功地将管辖地锁定到上海。最终，利用上海的新闻辐射效应，为客户迅速排除谣言的传播。

小提示：律师本阶段的工作目标是确定“诉的利益”，即依据现有证据与事实，分析客户的原始需求是否可以通过法律允许的方式实现，并与客户共同制定可实现的诉讼目标和路径。

二、先程序问题，后实体问题

如果与客户达成一致，必须通过诉讼达成目标，则进入起诉准备阶段。首先要确定的就是相关程序事项，如选择管辖地、确定诉讼主体等问题。之所以“先程序、后实体”，主要是基于程序问题将直接影响胜诉难度、律师工作量及诉讼过程中的士气。

曾处理过这样一起纠纷，原告（合同乙方）是同一投资机构旗下的两家合伙企业，与被告签订的回购协议中均约定“乙方所在地”法院管辖，而两原告注册地分别位于上海市金山区和奉贤区（均位于郊区）。原告提起诉讼时要求进行财产保全。我们分析，如分别在两个法院提起诉讼，会产生财产保全申请流程、保全协调等诸多不便，而且裁判法院的不同，可能会影响审判思路、审判效率等诸多事宜，其结果将是大大增加案件结果的不确定性。因此，承办律师在准备诉讼材料时，即关注到两份合同上载明的乙方地址均为上海市长宁区某地址。经了解，该地址为两合伙企业和上级机构合署办公的地址。律师遂建议以“主要办事机构所在地”为管辖连接点向上海市长宁区法院提起诉讼，并提供合署办公的照片、租赁协议等证据予以佐证，最终法院准予一并立案。

嗣后，由于被告恶意抗辩、被保全财产在外地等情况，上述两案果然产生上海法院和外省法院协调保全事宜等问题，但由于两案系同一法院、同一法官审理，律师与法官沟通成本大大降低，两案最终成功查封被告位于湖南的不动产，确保了案件胜诉后的执行。

小提示：律师本阶段的工作目标是明确管辖等程序性问题，通过寻找对己有利的管辖连接点，降低诉讼风险和律师工作难度。须知，程序问题是律师代理水平的试金石，没有哪个客户能够接受“连法院门都找不准”的律师。

三、起诉状与证据，吹响进攻的号角

起诉状的起草是非常重要的，相当于进攻的号角与宣言。一份起诉状有没有震撼力，取决于诉讼请求是否精准、请求权基础的选取是否恰当、理由的阐述角度是否独到、事实的组织编排是否严密等。但律师应当有下列意识：

1. 自己并非裁判者，过分详尽的阐述除了提早暴露自己的攻击方向和火力点之外，别无好处，因此起诉所依据的事实与理由应高度凝练，避免长篇累牍、令人生厌。

2. 原告应当注重逻辑性，以诉讼请求为出发点，对涉案证据与事实进行“剪裁”，将证据分为主干证据、反击证据和补强证据，在起诉阶段一般只要提供使诉讼请求成立的主干证据即可，其他证据根据诉讼对方的抗辩而展开，以保证进攻火力的持续性。

3. 对于涉及具体事实的描述应当反复斟酌。因为根据证据规则规定，起诉状中载明的不利事实，可能构成当事人的自认。起诉状一旦予以呈交，则相当于公之于众，如果被法官或对方律师抓住漏洞，诉讼将会陷入被动。例如，对于事实发生时间的精确描述，可能被对手利用作为提出诉讼时效抗辩的武器，应予以充分考量后书写。

4. 尽可能关注到形式的美观。律师虽然不是“公文控”“标题党”，但是合理的版面设计、庄重的字体、清楚的段落，将会给律师的起诉工作增光添彩，也会给承办法官留下良好的印象。如果起诉状格式的编排、用纸一团糟，客户和法官绝不会认为该律师是一个作风严谨、思路清楚的律师。

另外，证据目录也并非可有可无。在立案时，有证据目录的起诉材料，往往更容易获得立案法官的“青睐”，从而增加立案成功率。同样道理，证据目录经过编写，可以帮助法官更好地理解原告实体主张的依据和思路，也可以帮助律师在庭审时更好地完成举证陈述，同时节省对方的质证时间，避免庭审的拖沓。

小提示：律师本阶段的目标是“设计和量体裁衣”，将客户的需求和双方设定的工作目标转化为法院能够处理的具体请求，并以请求为出发点，将“事实与理由”落实为民事起诉状中的具体描写和法律依据。

四、细节，决定成败

“诉讼无小事”，越是能注意到细节，越是能体现律师实务经验的丰富，并越能获得客户的信赖。律师应清楚，诉讼虽然是法律专业的事项，但却不完全是法律的事，就像优秀的马拉松跑者，既能关注到体力和技术的问题，也能关注到场地、风向、海拔等细节问题，从而采取灵活的跑步战术。从笔者的经验出发，在起诉准备工作中，律师应将法官视为“客户”，并关注如下细节：

1. 尽可能便利法院工作。在基层法院案件数量普遍高企的情况下，律师应在力所能及的范围内为法官、书记员着想，通过自身细致的工作降低其劳动强度。例如，尽可能在诉状上书写被告的联系地址、联系人、联系电话，方便书记员通知送达；纸张尽可能不要双面复印或打印，以免徒增书记员复印、粘贴的工作量；证据页码可标在页面最下方中间，在页面右上角留出书记员归档时标记页码的空间；对于当事人众多、案情复杂的案件，尽可能通过图表等“诉讼可视化”方式描述案情及法律关系，以方便法官直观地了解案件情况等。

2. 尽可能为客户考虑。律师应尊重每一个客户，并设身处地地为其考虑。比如诉讼费用，如果客户对费用敏感，应尽可能为其减少费用支出。目前法院均要求在诉状上注明涉及的财产标的金额，以便计收诉讼费用，但法院并不会精确地要求确定每项财产的实际价值。律师应按“就低不就高”的原则，为客户争取最优的结果；但是，如果作为一项诉讼策略，希望胜诉后增加对方上诉成本的，则可反其道而行之，按“就高不就低”原则进行缴纳，但应得到当事人的认可。

3. 避免低级失误。比如因为疏忽提供明显对己方不利的证据或是发生文字差错。在笔者的从业经历中，印象最为深刻的就是在一起离婚后财产分割案件中，书记员因为校对失误，将民事调解书双方当事人的性别都打印成了“男性”，正好女方对离婚结果不甚满意，遂拿着法律文书到处上访，使法院非常被动。对律师而言，律师文书虽然不像司法机关文书一般要求严谨，但同样关乎声誉。如果民事起诉状尽是错别字，甚至把当事人的名字、性别搞错，同样也会影响客户预期。对律师而言，这是最低级、最不能容忍的失误，也是最难解释的失误。

总之，起诉工作对于律师而言，是高度专业化的工作，是体现律师经验、水准的工作，绝不能忽视。俗话说："好的开始是成功的一半。"律师应在日常工作中不断总结以提高起诉技能。

应诉的"十条军规"

对于律师来说，起诉、应诉是平常的职业场景。但对普通人甚至企业来说，接到法院起诉材料和传票时的紧张程度，不亚于接到"战争宣言书"。当事人的第一反应就是已经进入"两国"交战状态。作为律师，如果当事人找到你，迫切希望你帮他分析利弊，制定应诉策略，直至粉碎对方的企图。律师应当如何从容不迫地让客户放心把案件交予你处理呢？下面，和大家再聊聊，作为一名前法官，我是怎么进行应诉准备的。

一、争取诉讼准备时间

应诉要做的第一件事是什么？与起诉不同的是，客户找你的时候，除了提供原告的起诉材料以外，一般还带着应诉通知书、举证通知书、开庭传票等法律文件。比较令人头疼的是开庭传票。除了顾问单位以外，从当事人咨询律师，到正式聘请律师作为代理人，一般要经历一个确定律师服务内容、洽谈律师费用的过程。律师签订代理合同之前，客户不会把所有案件事实均披露给律师，律师通常也不会全力投入案件准备中。于是，一个尴尬的事情产生了，签订完服务合同，往往距离开庭日很近了，来不及准备怎么办？

因此，被告律师第一件需要处理的事情，就是如何赢得必要的准备时间。通常有三种处理方式：第一，和承办法官取得联系，申请延期开庭。《民事诉讼法》第一百四十六条规定了"可以延期"的三种具体情形：必须到庭但有正当理由不到庭（如离婚案件一方在国外）、临时提出回避申请、不延期会导致事实无法调查完毕（如需重新鉴定）的。但是，考虑审限和对等，法官通常会拒绝延期开庭的申请。

第二，提出管辖权异议。这是中止实体审理的法定理由，法官不能拒绝。但是，由于实践中存在滥用的情形，法官普遍很排斥这种异议申请，当事人、律师有可能面临法院处罚，因此要慎用。第三，提出反诉、追加当事人、申请鉴定等表明诉讼复杂性的事由，并与法官协商将开庭改为证据交换或庭前会议，法官一般都能接受。

小提示：律师接受委托后，应避免仓促上阵，第一回合被对手击倒。因此，合理利用诉讼规则，争取必要的准备时间就成为应诉的基础。三种方式中，管辖权异议是法定事由，但要避免明显的滥用；申请改为证据交换或庭前会议的成功率次之；申请延期开庭成功率最低。律师应根据具体情形而选择适用的方式。

二、了解客户需求，制定应诉策略

与起诉相似的是，应诉也必须从客户需求出发，没有谁比当事人本人更知道自己的利益所在，但当事人在复杂诉讼中也可能“当局者迷”，律师应当从客户的原始诉求出发，根据诉讼态势并结合事实与证据给出最优应诉方案。

简言之，与起诉一样，律师在进行诉讼决策时也应构筑基本模型：即需求（目标）—分解问题—事实与证据—结论。

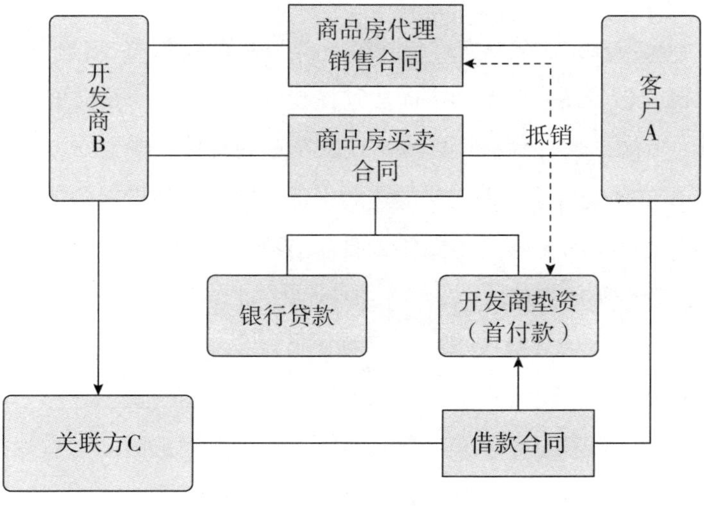

客户 A 案件图

以我处理的一起房屋买卖、民间借贷纠纷为例：客户A为开发商B代理销售楼盘，B为尽快回笼资金，允许A自行购买6套房屋，首付款由B先垫付，口头约定以日后销售佣金冲抵。B为确保首付款资金安全，安排关联方C与A签订借款合同，约定首期款由C支付，如逾期不还，则B可以不交房，而借款合同转为商品房买卖合同（其中约定仲裁），C以原价取得房屋，A、B应配合办理过户等手续。之后，A、B因佣金结算发生纠纷，A起诉至法院，并以生效后确定的佣金数额向B主张抵销首付款，但B不予回复，双方僵持。

数年后，A接到仲裁通知，C主张履行买卖合同，并要求A配合办理过户手续。客户表示,C与B其实是一家，所谓借款就是首付款，其已经主张以佣金抵销，故不欠其所谓借款。我为其分析：第一，如果要主张C借款权利未发生，就要证明C未出资，但B、C系关联方，C出具B自认收到首付款的证明即可，因为你确实享受了首付款利益。第二，如果要主张C的借款权利因抵销而消灭，就要证明C是B的代理人，首付款的实际出借方是B，但目前的证据不足。第三，假设把B、C视为独立主体，是不是就无路可走了呢？非也。可以"民间借贷逾期不还即转为房屋买卖合同"涉嫌"流质无效"为由，先向法院提起诉讼，要求确认相关合同条款无效，从而避免仲裁程序"一裁终局"的风险。客户最终采纳了第三种方案。

之后，不出所料，法院认定"借贷转买卖"条款无效，C被迫撤回仲裁申请，但随即又以民间借贷还款纠纷为由向法院提起诉讼。我进一步向客户建议，如果将B、C视为一体，则C固然可以提出还款及违约责任，我方亦可按照商品房买卖合同，向B主张交付及逾期交房的违约责任，同样起到抵销的结果。客户依计行事，历经数起诉讼,B觉得占不到什么便宜，遂同意和解。客户终于解开了死结，拿到了自己投资购买的房屋。

三、应诉中的核心问题

应诉中应关心哪些核心问题？有些律师认为做被告远比做原告省心，以逸待劳，只要把水"搅浑"即可。

其实，要进行高水平的应诉，同样需要付出艰苦的努力并做大量的准备。

第一，构筑有层次的防御体系。原告是进攻方，被告当然是防守方。为了防止第一回合被对方击垮，被告一般需要构筑数层防线，而且防线之间还得有逻辑联系。根据法律构成要件说，民事责任都是由一定条件引起的，而条件发生的核心是权利，因此可以围绕“对方权利”组织防御体系。这个体系就是“权利妨害、权利消灭和权利阻却”，被告律师可以根据上述层次制定诉讼策略。以下结合上文案例解释之。

所谓“权利妨害”，就是根据法律规定本应产生相应的法律效果，但因妨害事实的出现，导致法律效果未产生，简言之，就是“权利未发生”。比如《合同法》第一百九十六条规定，借款合同是借款人向贷款人借款，到期返还借款并支付利息的合同。但第二百一十条规定，自然人之间的借款，自贷款人提供借款时生效。故自然人之间，可以以借款未实际发放，而主张贷款人权利未实际发生。

所谓“权利消灭”就是根据法律规定已经产生相应的法律效果，但因消灭事实的出现，导致法律效果归于消灭，简言之，就是“权利已消灭”。比如《合同法》第九十一条规定合同权利义务可以因“履行、解除、抵销、提存、免除债务”等情形终止。故在双方互负债务且均到期的情况下，债务人可以以佣金债权主张抵销首付款债务。

所谓“权利阻却”，是指虽然有约定的法律效果，但因有阻却事实的发生，使其权利效果暂时或永久不能产生。简言之，就是“权利受限制”。比如被告通常会提出的诉讼时效抗辩，就是一种典型的“权利阻却”，即抗辩成立的效果不是对方权利本身消灭，而是丧失胜诉权，沦为自然债务。

第二，进攻是最好的防守。《孙子兵法·军形篇》有云：“守则不足，攻则有余。”如果诉讼中一味死守，就必须计算到原告的所有进攻方向，相当于跟着对方的节奏在跳舞，稍有不慎，即会自乱步伐。仍以上文案例为例，对方提出仲裁请求后，A也可以在仲裁程序中以“流质条款无效”提出抗辩，或是提出反请求，但考虑仲裁是“一裁终局”，一旦抗辩不为仲裁机构采纳，则丧失补救机会，故最后仍决定另外向法院提起诉讼，“以我为主”，打乱对手的进攻策略。

第三，成本与收益。诉讼，特别是复杂商事诉讼实际是对资源的大幅度消耗。

从一开始，律师就应当为当事人描绘一定的图景。大方向是往和解方向走，还是对抗到底？如果往和解方向，也不能一味地退让，而是要形成诉讼均势，或是形成局部的有利态势，使对方必胜的信念动摇，产生和解的基础。如果对抗到底，则律师要与客户达成共识，即“开弓没有回头箭”。无论过程多难，都要同舟共济。比如我为上海某国企处理的改制后遗留房地产权属纠纷，耗时 5 年，历经一审、二审、再审、谈判，对手从央企换成民营上市公司，但我们始终不疾不徐，最终全面达成和解。

四、应诉中的具体技巧

策略和技巧是“道与术”的关系。道固然重要，术也同样不可忽视。那么，应诉中有什么技巧呢？

第一，分析对手实力和法官的裁判风格。俗话说：“知己知彼，百战不殆。”诉讼也不例外。首先，仔细研读原告的起诉材料，根据原告提出的诉讼请求是否全面、合理，提出的事实与理由是否逻辑严密，结合原告聘请律师的情况，大致可以判断出对手的实力。比如说聘请大所的知名律师和聘请有执业限制的法律工作者，显然反映出对手对案件的不同投入情况。而优秀的诉讼律师，在制作起诉材料时，逻辑严谨、语言简洁、直击要害，通常不会留下明显的疏漏，意味着被告的律师要花更多的时间去研究和准备案件。

其次，了解法官的裁判风格同样对把握案件走向有非常大的作用。在专业度高的资深法官面前，最好的技巧就是把案件吃透、把证据做扎实、把理由陈述清楚。但是，如果面对的是审判经验不足的年轻法官，则要善于引导法官的思路，避免其先入为主，通常要辅以参考案例、思维导图等辅助性说明手段。

第二，反复研读对方诉状及证据，为我所用。“证据就是双刃剑”，诉讼中证据不是越多越好，而是贵在“精准”。但是，很多律师包括知名律所的诉讼律师，最容易犯的一个错误就是过度举证，甚至有将大量关联度不高的证据像工具书一样包装成册的。此举虽然观感不错，但最大的问题在于重点不突出，被告很容易蒙混过关。比如某居间合同纠纷，双方约定原告为被告（以种植人参为主业）提供融资顾问服务，服务费按融资总额或并购价值的百分比计算。为了证明被告在并购交易中做低企业估值，逃避佣金，原告在举证中举了大量的证据：比如某上市公司披露的人参基地交易信息、香港交易所的人参价格等。庭审中原告律师花了很大的力气解释这些数据的出处、权威性、可比性等问题，结果被告律师只是说这些与本案无关联性，即不再发表质证意见。由于无法形成有效的攻防对抗，法官最终对于这些数据的可采性还是“云里雾里”。

从被告律师的角度来看，就希望原告的举证没有重点，看似什么都说了，但什么都记不住。另外，被告也可以从原告证据中发现对己有利的点，如双方往来函中反映出的事实节点，正好弥补原告诉讼时效方面的风险。

第三，选好答辩角度和做好证据编排。有经验的律师，会有逻辑地编排自己的答辩观点，比如：答辩可以分为对事实的抗辩和法律上的抗辩，有个案件，原告主张被告逾期支付房款，因此构成根本性违约，合同应当予以解除。被告律师抗辩理由组织如下：“1. 被告没有违约，原告无权解除合同。根据合同，原告涤除房屋上的抵押义务在先，被告支付第二笔房款的义务在后。2. 被告有相应的房款支付能力和意愿，在约定的付款时间前，被告已经告知房款备好并通知原告。3. 即使法院认定被告有违约行为，法院也应调整违约金的数额，理由是违约金过高以及原告在履行过程中也有过错。”这样，就形成一定的逻辑关系和层次，能较好地保护被告的利益。

关于证据的编排，与起诉类似，“贵在精而不在多”。根据笔者多年的经验，同样应将证据分组为“主干证据、反击证据和补强证据”，主干证据是为核心抗辩理由提供支撑的证据；补强证据是根据对方的质证意见，为加强说理而补充说明的证据；反击证据则是重点为打击对方的诉讼诚信度而准备的证据，如通话录音证据，如果对方在某个事实陈述上明显撒谎，提供录音证据可以有效打击对方在法官内心的确信度，并对原告后续庭审陈述形成压力。

总之，起诉和应诉就像“矛与盾”的关系，高手过招，比拼的是谁犯的错误更少，这需要诉讼律师不断在实战中予以演练、总结、再演练，从而达到“无招胜有招”的境界。

如何进行庭审陈述

世界上有两件最难的事：一是把别人的钱装进自己的口袋，二是把自己的想法装进别人的脑袋。

律师在法庭上说服法官无疑是后者。一个显著的误区是：律师必须口若悬河，把对方辩驳得哑口无言。除了影视剧以外，律师在法庭上基本要接受这样的现实：即对方是不可能被说服的，法庭上需要说服的对象是法官。因此，律师发言必须考虑法官的感受。但是，随之而来的另一个误区是：庭审中一被法官打断，就闭口不言，白白放弃了庭审的陈述机会。其实，律师庭审陈述如同在刀尖上跳舞，必须抓住有限的机会，在反复阐述和让法官理解中取得某种平衡。

一、法官为什么要打断律师发言？

通常来说，法官会给律师一定的礼遇，但如果法官不断打断律师的发言，大概率是律师的陈述方式出了问题，典型的不当表述情形有：

1. 离题太远。诉讼律师必备的一项技能就是要在纷繁复杂的客观事实中，找到与诉讼请求和争议焦点有关的法律事实。比如说合同纠纷，就应当围绕合同权利义务是否清晰、对方是否有违反合同约定的行为、己方是否按约履行展开陈述。以某次房屋买卖合同纠纷的庭审为例，原告（出售方）的诉讼请求是对方逾期支付房款构成根本性违约，要求解除合同，但被告抗辩未付款系因为连环买卖、下家没有及时支付房款后，原告律师却围绕录音证据一直力图证明被告多次撒谎。实际上，根据《合同法》中“因第三方原因造成违约，仍需承担相应的违约责任”的规定，原告应围绕解除权条件是否成就、原告的合同目的是否因对方逾期付款而落空来重点阐述。

2. 只有事实没有观点。没有经过法学专门培训的当事人在庭审中的一个突出特征就是：分不清事实与观点的界限。诉讼中，事实是可以通过证据来证伪的，观点却无所谓对错，但观点引领事实，可以迅速帮助法官理解双方攻防逻辑和争议焦点，可谓律师与法官沟通的桥梁。比如说同样是房屋买卖合同纠纷，原告主张被告逾期付款而要求解除合同，被告抗辩合同系他人擅自签订，这里的“合同是否为被告所签”就是事实，而“无权代理”就是观点。原告则主张代签人系被告亲属，拿着房产证和被告身份证签署合同，这里的“亲属、权利文件”就是事实，而“表见代理”就是观点。复杂诉讼中，有时诉讼律师也分不清事实与观点的界限，因此法官通常会追问一句：“你陈述了这么多事实，那么结论是什么呢？”这就是要求律师清晰地表达出自己的法律观点。

3. 只有观点没有重点。我在一篇文章中曾经提到“律师应尽可能让法官做判断题而非选择题”，其实就是谈的观点堆砌的问题。罗列观点反映出律师对案件的研究不够深入或底气不足，客观效果上会使法官产生“你到底要表达什么”的质疑。

4. 语速过快、过慢或音调缺乏变化起伏。想要理解这一条，试着找个喋喋不休、语速很慢或是音调乏味的人交谈一下午，你将发现大脑会本能地抗拒对方传递的信息。谈话尚且如此，何况枯燥的法庭审理。所以有经验的诉讼律师会在法官昏昏欲睡的时候，抖个小包袱，活跃下法庭气氛，会使法官和旁听者突然精神为之一振。

二、如何进行有效的庭审陈述和沟通

庭审是围绕诉讼请求和争议焦点所进行的高度浓缩的攻防战，法官和律师的水平越高，攻防转换节奏越快、庭审效率越高。千变万化，离不开“事实”与“法律适用”两个基本点。

1. 充分准备，熟悉每一个可能发生的攻防点。俗话说：“好记性不如烂笔头。”

庭审准备是有效庭审的基础，而好的庭审准备则离不开好的文案工作。比如我在庭审前都会做一份详尽的“庭审纪要”，就像战役攻防图一样，记录着诉讼请求及构成、答辩要点、双方证据及质证意见、争议焦点、需要发问的问题、法庭任务等，并在关键点上进行加粗标记。比如说：对方就某一事实前后陈述不一，详见前案第 2 次庭审笔录第 9 页第 5 行表述。这样可以帮助自己迅速找到相关出处并展示证据。休庭后，我还会针对庭审不足之处进行标记，提醒自己下一次庭审补强证据或补充新的观点。

2. 重视用户体验。诉讼律师的用户只有两个：己方当事人和法官。好的庭审应当是使法官和客户都满意，即事实陈述清楚、证据举证充分、说理逻辑严谨、表达详略得当。但是，当事人对律师的要求不可能总是合理、合拍的，当不能让客户和法官同时满意的时候，律师要判断案件走向，有利的时候，尽量满足法官的办案需求，即要言不烦、简洁明了。不利的时候，要尽量满足客户的心理需求，即充分地、反复地、多层次甚至略带煽情地阐述对己方有利的事实和观点，以免客户产生“律师未尽力为我代理”的错觉。另外，当事人共同出庭的，律师要与当事人事先演练可能的攻防点，形成配合；当庭陈述的时候，要与法官有眼神交流，根据法官的反应来调整音调、语速、详略等表达要素，法官表现出明显兴趣时，要详细阐述，法官表现出明显厌烦时，要缩略陈述或换种方式陈述，如采用案件大事件图、法律关系导图等图表辅助陈述。

3. 庭审陈述三原则。围绕争点、观点鲜明、抓住证据。庭审的功能用形象的语言表述，就是原、被告就某个主题各说一个有事实作为支撑的“故事”，法官（听众）根据规则评判哪个“故事”版本更合理。围绕争点是指庭审始终围绕争议焦点（主题）展开攻防，其中一审与二审（再审）不同，一审偏重还原事实全过程，因此事实部分的争点相对较多，而二审（再审）偏重新证据及法律适用争议，因此在法律适用部分争点较多。故一审事实陈述要全面，二审（再审）则要围绕焦点重新组织“故事”的编排方式。

观点鲜明是指开宗明义，吸引裁判者的注意力。比如《我不是药神》的原型陆勇，因帮助病友代购仿制药，并用他人信息开设信用卡作为购买和转账的工具，涉嫌“妨害信用卡管理罪”和“销售假药罪”。律师在辩护时，就提出“善良就是最好的法律”[①]的观点，最终结果是湖南省沅江市人民检察院向法院申请撤回起诉，陆勇获释。检察院在释法理由书中说：“陆勇对白血病病友群体提供的帮助是无偿的……客观上惠及了白血病患者。尽管违反国家对信用卡的管理秩序，但他的行为的实际危害程度，相对于白血病群体的生命权和健康权而言，是难以相提并论的。”尽管陆勇被释有诸多原因，但律师提出的那种鲜明的、直击人性和法律本质的观点，无疑可以更好地说服执法者斟酌情事，避免机械执法。

抓住证据是指庭审的胜负手还是证据。一份有力的证据胜过千言万语。但是，庭审中靠单一证据打败对手的概率微乎其微，更多的场景是通过组合证据来证明事实。证据的组合不是简单的堆砌，而是要根据证明目的来进行编排，并制作证据目录，使每组证据间形成一定的逻辑体系，通常的编排方式为时间顺序型、事实要件型、争议焦点型等。需要注意的是，每组证据亦要按照证明力强弱进行排序，证明力强的在先，证明力弱的在后，同一证明目的的证据不要超过 3 份。陈述的时候宜根据法官的审理重点作不同的调整，如果是一审可以按照时间顺序进行举证，而二审、再审则应根据争议焦点进行归纳举证。比如居间合同争议焦点是“恶意跳单”的，可以表述为：“被告恶意跳单行为有下列证据为证：1. 融资顾问合同第 5 条通知义务，被告未履行；2. 录音证据第 3 页，原告询问项目进展时，被告隐瞒与投资方私下接洽并签约的事实；3.……”以便法官对争议事实和证据进行全面审查，防止遗漏。

三、庭审要不要当事人出席辅助陈述？

这是一个令诉讼律师颇为头疼的问题。从法官的角度而言，事实清晰的案件并不希望当事人出庭，因为律师出庭可以提高庭审效率，事实复杂的案件则希望当事人出庭，因为可以尽可能查明事实，排除律师执业水平高低的干扰。比如法官吐槽比较多的是律师的一个套路——我要回去和当事人核实，这个套路往往导致庭审频频被打断。

---

① 英国学者麦克莱的法律格言：善良的心，是最好的法律。

但是，对于律师而言，当事人是否出席就没那么简单了。复杂案件中，有利事实和不利事实会结对产生，当事人没有经过法律思维训练，通常是有利事实说不到点子上，对不利事实（陈述）倒津津有味。比如说上述融资顾问合同纠纷，被告以股权转让作为融资方式，但在资产估值时采取做低的方式，以此规避税费以及其他应付费用。原告方主张做低的依据是被告初期提供的资产评估报告、审计报告、融资方案等，被告予以否认后，原告又陈述被告因它案欠债不还，已被列入失信名单等。法官本来就怀疑被告为融资而对资产价值作假，原告陈述完毕后更加深了内心确信，反倒产生对原告不利的效果。

因此，我建议，在当事人是否出庭问题上，律师要权衡各方面因素予以确定：

第一，法官是否明确要求当事人本人出庭。一般来说，法官庭审后对事实不能形成内心确信时，会要求当事人出庭接受补充询问。《民事诉讼法》第十三条规定了“诉讼诚信”原则，《最高人民法院关于适用〈中华人民共和国民事诉讼法〉的解释》第一百一十条则规定法院有权要求当事人本人到庭，否则依举证责任承担不利后果，故律师应告知当事人不出庭的后果，如确有正当理由的，应及时反馈给法院。如确定当事人出庭的，律师应尽可能给予当事人出庭规则的指导，包括帮助梳理陈述的要点。

第二，尊重当事人本人的意愿。律师服务的一部分就是帮助当事人排除纷扰，使当事人可以把时间用在美好的事物上。当事人本人如果不愿出庭面对对方的诘难，律师应当充分做好事实部分的准备，达到当事人本人出庭的效果。如果当事人强烈要求出庭的，可以通过类似模拟法庭的方式，帮助当事人做好出庭准备。

第三，结合案件本身的需要。有的案件，特别是证据不充分或涉及专业性较强的，当事人现身说法，往往会起到更好的效果。在事实方面，法官更愿意相信当事人本人而非律师的陈述，细节的魅力在于亲历者和非亲历者传递的信息是不完全一致的，比如说痛苦、伤害等内心感受。

俗话说：“台上十分钟，台下十年功。”诉讼律师出庭，并不是说几句话那么简单，而是综合了诉讼策略、证据准备、庭审预案、个人风格等一系列因素的法庭活动，是诉讼中最辛劳却也是最荣耀的部分。

庭审纪要（一审第一次开庭）

<table>
<tr><td colspan="2">原告</td><td colspan="2">联系人：
联系方式：</td></tr>
<tr><td colspan="2">被告</td><td colspan="2">联系人：
联系方式：</td></tr>
<tr><td colspan="2">主审法官：
法官助理：</td><td colspan="2">联系人：
联系方式：</td></tr>
<tr><td colspan="2">书记员：</td><td colspan="2">联系方式：</td></tr>
<tr><th>诉讼请求</th><th colspan="2">事实依据及法律依据</th><th>被告答辩意见</th></tr>
<tr><td>（1）</td><td colspan="2"></td><td></td></tr>
<tr><th colspan="2">主要事实</th><th colspan="2">被告观点</th></tr>
<tr><td colspan="2">（1）</td><td colspan="2"></td></tr>
<tr><th colspan="2">原告证据及意见</th><th colspan="2">被告质证意见</th></tr>
<tr><td colspan="2">证据1：

证明事项：</td><td colspan="2"></td></tr>
<tr><th colspan="4">备用证据</th></tr>
<tr><td colspan="2">备用证据1：

证明事项：</td><td colspan="2"></td></tr>
<tr><th colspan="2">被告证据及意见</th><th colspan="2">原告质证意见</th></tr>
<tr><td colspan="2">证据1：

证明事项：</td><td colspan="2"></td></tr>
<tr><th colspan="2">法庭向原告发问</th><th colspan="2">法庭向被告发问</th></tr>
<tr><td colspan="2">（1）法问：
原：</td><td colspan="2">（1）法问：
被：</td></tr>
<tr><th colspan="2">我方向对方发问</th><th colspan="2">对方向我方发问</th></tr>
<tr><td colspan="2">（1）我方提问：

预判对方回答：

记录对方回答：</td><td colspan="2">（1）预测对方提问：

我方回答：</td></tr>
<tr><th colspan="4">争议焦点</th></tr>
<tr><td colspan="2">预判争议焦点：</td><td colspan="2">法庭归纳争议焦点：</td></tr>
</table>

续表

原告辩论意见	依据	被告辩论意见
（1） ➢ ➢		预判被告辩论意见
（2） ➢		实际被告辩论意见

我方调解方案	对方调解方案	法院意见
庭后工作安排		
截止日期	我方工作	对方工作

律师思维与法律文书写作

你会写法律文书吗？对于这个问题，大家可能不以为然。作为诉讼律师，几乎每天都要书写起诉状、答辩状、代理词等文书，即使没有接受过系统训练也能总结出基本的套路。但是，法律文书的本质是什么？如何写好一份法律文书？这就是接下来要讨论的话题。

一、法律文书是法律思维的外化与载体

举例说，小明大学毕业在上海浦西租了一套公寓，租期一年，但3个月后公司将小明从浦西本部派驻到浦东分公司，从租房处到分公司路程为两小时，小明希望和房东提前解约，但房东坚决不同意。假设小明分别要求法官、法学家、律师出具咨询解决方案会得到什么样的回答？

法官会说，解约的法律和事实依据是什么？《合同法》第九十三条和第九十四条分别规定了两种解除方式：约定解除和法定解除。因此法官会问一连串问题：合同中有提前解约的条款吗？工作地点变动属于提前解约的情形吗？房屋有质量或其他问题导致你无法使用吗？如果都没有，对不起，小明你不能解约。因此，法官的思维模式是三段论式的演绎推理，即大前提（寻找法条）—小前提（比对事实与证据）—得出结论。

而法学家会说，终止合同的定义是什么？关于解除合同有哪些理论？本案是否能适用这些理论？本案小明解约的理由是归责于承租方的理由，不符合“情势变更”的情形，故不能解约。因此，法学家的思维模式是宏观到具体，即法学理论—理论要点—具体案例。

而律师则说，虽然合同法的原则是“契约严守”，但并非铁板一块，如果你愿意承担适当的违约责任，我可以帮你解除合同。依据是《合同法》第一百一十条，非金钱债务的履行义务在发生“法律上或者事实上不能履行”“债务的标的不适于强制履行或者履行费用过高”“债权人在合理期限内未要求履行”等情形时可以免除。因此，对于房屋租赁合同等持续履行性合同，如果承租方实际搬离，房东未必会起诉，而一般会没收押金。即使房东起诉，法院也会倾向于判决解除合同并苛以违约责任。这样，小明的诉求可以得到满足。律师的思维模式是客户需求（结论）—小前提（事实与证据）—大前提（合适的法条）。

由此可见，为了实现特定的目标，律师要对法律事实予以“剪裁”，乃至于“创造”一定的法律事实，以满足相关法条的规定。根据以上分析，我们可以给律师思维下个定义，即以客户需求为导向、以法律规定为准绳的创造性逻辑思维方式。美国电影《力争上游》中，法学教授金菲尔德教授曾经对法学院学生说出一句经典台词：“你们带着满脑子的糨糊来到这里，而我的任务，就是让你们像个律师一样思考。”

因此，“像律师一样思考”就是诉讼律师法律文书写作的前提和基础，甚至是决定文书好坏的关键所在。

二、法律文书的分类及写作基本流程

1. 分类。法律文书有很多类型，比如说按照是否涉及诉讼，可分为诉讼文书和非诉文书。按照写作对象，可以分为致客户类文书、致处理机关类文书、致相对方类文书等。

如果以诉讼律师的工作场景来划分，一个案件从头至尾会产生哪些法律文书呢？第一步，案件起始于客户咨询，有些客户会要求律师出具法律服务方案（含报价）。第二步，如果客户和律师就案件委托达成一致，则接下来要签订代理服务合同。第三步，签订合同后，如果不是立即进入诉讼程序，则律师一般会代表客户就违约或侵权行为或其他特定事项向对方发出律师函，提出督促、宣示、警告、询问等要求。第四步，如果警告、督促等协商无效，则进入诉讼程序。诉讼的启动，对于原告律师而言，需要向法院或仲裁机构递交起诉状（仲裁申请书）及证据。对于被告律师而言，则涉及答辩状的写作。有经验的律师一般不会在开庭前递交完整版的答辩状，以防暴露自己的全部应诉策略。答辩状的写作目的是在应诉方案上与客户取得一致。第五步，开庭完毕后，律师会根据法庭要求或庭审情况提交书面代理词，系统地阐述对于案件的事实和法律适用的观点。同时，向客户提供开庭报告，描述庭审的攻防情况以及下一步工作。第六步，一审判决后，如果需要向二审法院提出上诉，启动二审程序的，还需要撰写上诉状。

除上述规定文件外，有时就某些程序事项还会涉及申请书的制作，如管辖异议申请书、财产保全申请书、调查令申请书等。如果在诉讼程序中，双方达成和解，律师还需要起草和解协议。

根据应用场景的不同，法律文书则可以分为三类：诉讼类法律文书、客户类法律文书以及合同类法律文书。

2. 法律文书写作的基本流程。在此，推荐文书写作五步法：第一步：与客户沟通，明确写作目标；第二步：寻找合适的模板；第三步：审核材料，提炼观点；第四步：剪裁事实，形成初稿；第五步：客户沟通，拾遗补阙。

怎么理解？第一，法律文书是法律服务内容之一，客户需求是案件代理的起始。如果对客户需求有精准的认识，就能在制作文书时事半功倍。第二，知道客户需求后，还要专业、高效地表达出来，这就需要好的模板。模板的获得途径有几个：一是官方的示范文本，如起草房屋买卖合同，可以参考住建部门制定的商品房买卖的格式文本。二是自己服务过程中累积的文本，特别是以往客户认可的文本。三是执业过程中获得的文本。比如与非诉律师合作过程中，获得的一些合同模板，可以符合“视觉控”客户的需求。第三，审查材料，提炼观点。比如说合同纠纷，律师必须仔细核对双方签订的合同以及和权利义务有关的往来函件、单证、票据等。关于提炼观点，律师制作的法律文件必须有观点。比如主张侵权，就要围绕违法、过错、损失、因果关系、承担责任的方式等要素展开。第四，有了观点以后，律师还必须根据证明目的剪裁事实。与主张无关的事实，要予以舍弃。这样才能形成初稿。第五，形成初稿后，最好再与客户沟通后定稿，以示尊重，并控制相应风险。

上述流程的核心是：客户导向、把控风险、法律逻辑、创造价值。

三、如何制作诉讼类法律文书

关于诉讼类法律文书，将重点介绍律师函和民事起诉状的写作技巧。俗话说："万事开头难。"而律师函和民事起诉状对诉讼进程起着提纲挈领的作用，相当于剧本中的概要和大纲，因此非常重要。

1. 律师函：律师函是"合法的恐吓信"，运用得当，可以直接避免诉讼或在诉讼中取得先机。

第一，律师函的合法性。合法性体现在：（1）主体合法，必须以取得执业许可的律师事务所名义发出；（2）程序合法，即在提起诉讼之前。如果错过时机，再发律师函则意义不大；（3）用语合法，必须依据事实，引用法律规定或合同约定去进行主张或防御。

第二，律师函可以带有一定的"恐吓"成分，否则就与当事人通知无异，必须一针见血，找到对方的软肋。

第三，律师函要摒弃一种写法，即罗列事实的写法，否则极容易在日后形成不利的自认。比如有个买卖合同纠纷，在接受客户咨询时，感觉诉讼时效是个迈不过的坎儿，如果贸然提起诉讼，风险很大。没想到试探着向对方发了个律师函后，对方回复中提到了我方曾提出索赔要求的事实，这就把我方最大的隐患给排除了。这个案件调解结案后，对方律师承认在回函中犯了错误。

第四，律师函的基本结构：律师函通常分为抬头、首部、主体、尾部、脚部五部分。其中抬头和脚部通常采用律师事务所的统一格式。

（1）首部大致有两种写法：第一种是"仿外文式写法"，即将送达对象提前到第一行的左侧顶格位置，写上"致：×××（送达对象全称）"。第二行留空，第三行写律师函件标题，第四行写发函号，第五行留空，第六行左侧顶格写"敬启者："，第七行开始写正文。第二种是"中国式写法"，即第一行留空，第二行写函件标题，第三行写发函号，第四行留空，第五行写送达对象全称，最后一个送达对象后标全角冒号，第六行开始写正文。无论何种写法，送达对象都要用全称，以表示尊重。关于发函号，根据律所统一格式，也可以省略，因为毕竟不是政府公文，但是如果就同一事项多次发函的话，编号有助于检索和存档。

（2）正文部分一般分为四个部分：a. 委托来源。这部分很重要，主要是讲述委托人、受委托的律师事务所、受指派的律师及委托事项。基本写法如下：就 ×××× 事宜，×× 律师事务所依法接受 ×× 的委托，指派 ×× 律师出具本律师函。这部分的常见错误是，律师以个人名义向送达对象发函，违反我国律师执业规范中关于不得以律师个人名义接受委托和办理案件的要求。b. 事实概要。因为律师函不是正式起诉文件，所以不需要对事实进行逐一核对，但要规避两大风险。一是客户陈述不实或遗漏，律师不当转述，容易产生的共同名誉侵权的风险；二是描述事实不当，容易产生的被对手抓住把柄的风险。因此，该部分尽可能简练，应以刚好说清事实脉络为准。行文风格要中立，不要带有情绪和言语攻击，揭示出事实和争议点即可。c. 法律评述。这部分是最考验律师功底的，"合法的恐吓"就在于律师能否精确地找出对方的"软肋"，并准确运用法条，给对方以义正词严的感觉。d. 威胁性的要求或意见。该部分是律师以专业性的语气告知对方在规定期限内完成规定的事项，否则就面临何种不利的状况和后果，如承担相关费用、面临相关诉讼等。需要注意的是：这个威胁必须是在法律允许范围内，否则就变成非法恐吓，与律师的专业性不相符。

（3）律师函的尾部主要由律所盖章、律师签名、签署日期和联系方式四部分组成。如果签名没有经过设计，觉得不能体现庄重感，也可以用律师章代替。

2. 民事起诉状。写作方法详见第二章中《起诉那点事》，补充一点，书写起诉状要关注使用对象的需求。起诉状的使用对象有四种人：法官、客户、对手、自己，最重要的使用对象是法官，因为法官决定案件的最终结果。对自己，起诉状就相当于剧本的大纲，要引领今后的诉讼走向。因此，起诉前要反复考虑每个措辞、每个细节，因为民事证据规则中有"禁反言"的原则，你在起诉状等书面材料中认可的事实，今后可能成为对你不利的事实；对客户，客户的需求是否被满足很重要，因此写起诉状之前，要问清楚客户要的是什么，比如说名誉侵权案件在描述侵权事实和后果时可以适度表达出某种愤怒情绪，或把案件提升到一定的社会高度；对对手，起诉状要清楚表达诉求，但不能让对手看清楚你的全部底牌；对法官，起诉状要展示整体法律逻辑和魔鬼般精确的观点。"善良的心是最好的法律"，没什么比正义的诉求、有力的法律论证更能引起法官的共鸣。对于当事人众多、案情复杂的案件，则应尽可能通过图表等"诉讼可视化"方式描述案情及法律关系，便利法官直观地了解案件情况。

四、如何撰写客户类法律文书

客户类法律文书主要是咨询类法律文书和汇报类法律文书。这里重点说下法律服务方案的制作。

一般企业选聘诉讼律师时，会要求律师就特定争议发表法律意见，阐述诉讼策略，并给出报价。可以说，法律服务方案对于律师就像是招投标的标书，一份好的法律服务方案可以赢得客户的青睐，使你在众多律师中脱颖而出，最终赢得客户的委托。那么，法律服务方案撰写要注意哪些方面呢？

第一，必须了解客户的需求和目标。一般提供法律服务方案，都是在客户口头咨询、有委托意向后，针对客户的要求撰写。因此，在归纳事实概要后，律师需要根据口头咨询中获得的信息来总结客户的需求和目标。如果律师连客户想要什么都不知道，就无法提供针对性的解决方案；

第二，可以做出一定的声明，规避执业的风险。初步咨询阶段，一方面客户给出的资料信息并不完整，另一方面律师也不可能像起诉前一样全面审核证据。律师基于现有证据做出的法律分析，一定不是完美无缺的。因此法律分析必须客观、理性、有所保留，所谓"话不说满口"，就是防止委托前后客户的心理落差太大。

第三，法律服务方案应着眼于宏观的诉讼策略和思路，而非操作细则。律师应当有"商业秘密"的意识，因为法律服务方案是律师智慧和经验的结晶，要防止一些无良的客户（当然只是少数），借招投标的名义，窃取律师的智力成果。

第四，平衡败诉风险与胜诉概率的关系。客户寻找律师，当然喜欢能保证让他胜诉的律师。但是，律师的专业性和职业道德告诉我们，诉讼结果往往是多种因素博弈的产物。凡是靠谱的律师都不敢说"百分百"能赢。那么，当律师看到风险，如何正确提示客户呢？一个可以掌握的原则是：既要提示风险，也要看到光明，而且光明要大于风险，以免“未战先怯”。

第五，平衡服务方案形式和内容的关系。有的律师在制作法律服务方案时，会特别纠结文件的外在形式，比如说排版精美度，比如说要事无巨细地介绍律师事务所、团队成员、以往成功案例等情况，导致方案篇幅很长；而有的律师就特别崇尚简洁，按照服务背景—法律分析—服务策略—服务费用的简要版来制作，也能赢得不少客户。这里提个小建议，如果是第一次投标，客户对你不了解，那建议你把法律服务方案的内容弄得丰富一点、精美一点，方便客户了解；如果是长期服务的客户，则建议你简洁一点、实在一点，毕竟职场上，领导和法务也忙，主要看重的是你解决问题的针对性和专业度高低。

总之，本文重点不是教你如何去写，而是探讨如何在写前进行思考。法律不是标准化的东西，而是千人千面。文书格式的问题，也可以通过上网检索的方式解决。但是，如果要“像一个律师一样思考”，就没那么容易了。如果没有一定的职业经历、没有一定的胜败教训、没有一定的复盘精神，你很难取得超越一般律师的执业领悟。最后，送大家一句话：“纸上得来终觉浅，绝知此事要躬行。”

浙江淘宝网络有限公司
诉
上海载和网络科技有限公司、载信软件（上海）有限公司
不正当竞争纠纷二审代理词①

尊敬的审判长、审判员、人民陪审员：

上海瀛东律师事务所接受浙江淘宝网络有限公司的委托，指派我出任本案被上诉人的代理人，接受委托后，通过调查取证、证据交换和庭审调查，就全案发表代理意见如下。

一、原审判决认定双方存在竞争关系的做法具有事实和法律依据

在互联网领域中，核心的竞争力在于拥有更多的流量和用户资源，因此竞争

① 本文获第二届上海律师学术大赛“代理词类”优秀奖。

关系的认定应当突破同业经营的限制。对此，最高人民法院在百度公司诉奥商网络公司、联通青岛公司、联通山东公司的不正当竞争案的裁判中予以了确认。

本案中，从用户群体来看，被上诉人是一个网络购物平台、上诉人是一个所谓的网络帮购平台，两者所面对的客户群体都是具有**网购需求或网购意愿**的用户，具有相同的用户群体，在经营中争夺与相同用户的交易机会，两者存在竞争关系。上诉人举出输入法软件与阿里旺旺软件的例子，属于诡辩，因为这个例子回避了一个最基本的前提：使用输入法软件的用户是为了打字，使用阿里旺旺软件的用户是为了实现与商家或用户的沟通，两者的目的完全不一样。这两款软件在经营中不存在“争夺相同用户的交易机会”，而是满足相同用户打字和即时沟通的不同需求。而在本案中，上诉人以及被上诉人的用户，都是**具有网购需求或网购意愿**的用户，**无论是通过上诉人还是被上诉人，都能满足网络购物的需求，两者存在替代关系。**

从服务内容来看，“帮5买”网站与“淘宝网”是一种上下游的关系。“帮5买”网站对外所提供的是“垂直搜索、比价、帮购”等服务，在此情况下，如果没有购物网站的存在，不可能搜索出丰富的商品信息、不可能对购物平台的商品进行比价、又到什么地方去帮购？显然，“帮5买”网站所提供的服务是基于“淘宝网”等网络购物平台的发展而应运而生的。上诉人与京东、亚马逊、当当等购物网站建立合作关系的行为，恰恰证明“帮5买”网站依附于网络购物平台所提供的网络购物服务而存在。

二、上诉人的行为违反了诚实信用原则，也有违行业及司法判决所确定的行业规范及商业道德

《反不正当竞争法》第二条规定：经营者在市场交易中，应当遵循自愿、平等、公平、诚实信用的原则，遵守公认的商业道德。代理人认为，上诉人的行为至少违反了如下互联网行业以及司法判决所确定的行业规范及商业道德。

（一）“帮5淘”插件嵌入被上诉人页面并引导用户到“帮5买”平台完成交易的行为，侵害了被上诉人对网站页面的合法权益

“淘宝网”网站页面，系被上诉人经过多年经营，对官网设计风格、色彩、布局等外在表现形式进行设计、编辑而成，也是被上诉人对外提供互联网服务的平

台。被上诉人对“淘宝网”网站页面的展示空间享有正当权益，能够从网站页面的展示空间的利用中获得合法收益。比如，入驻商户会根据其与网站页面的协议以付费的方式在宝贝详情页的价格附近发布优惠信息，被上诉人也会为卖家在网页的不同部位投放付费广告，且在对消费者搜索行为进行大数据分析的基础上发布同类商品推荐图片。

在本案中，“帮 5 淘”插件在嵌入“淘宝网”网站页面时，“帮 5 淘”插件会对“淘宝网”页面的源代码进行修改。“帮 5 淘”插件在“淘宝网”插入“搜索框”“现金立减”“扫码立减”“广告浮窗”等信息，遮挡了“淘宝网”入驻商户所投放的推广信息，不仅影响了消费者在“淘宝网”的购物体验，对“淘宝网”的正常经营进行了干扰。而且，“帮 5 淘”插件在“淘宝网”页面嵌入商业信息，未向被上诉人支付任何技术服务费和推广费，导致被上诉人的收入降低，上诉人在不花一分钱的情况下获得了不当的商业推广利益。

（二）“帮 5 淘”插件嵌入被上诉人页面并引导用户到“帮 5 买”平台完成交易的行为，违反了“不得破坏他方合法经营模式，不能阻碍他方公司与客户之间的正常交流”的商业道德

在互联网环境中，“不得破坏他方合法经营模式，也不能阻碍他方公司与客户之间的正常交流”已经成为行业以及司法公认的商业道德。公司的经营模式不得建立在破坏他方合法经营模式的基础上，对他人可持续经营造成损害，也不能阻碍他方公司与客户之间的正常交流。

本案中，“淘宝网”作为一个网络购物平台，其为入驻商户以及用户提供撮合交易的居间服务。在提供该居间服务的过程中，被上诉人为入驻商户以及用户提供了交流、交易的服务平台，“淘宝网”的实质为被上诉人所提供的互联网服务产品。但是，上诉人通过“帮 5 淘”插件在“淘宝网”或“天猫商城”插入“搜索框”“现金立减”“扫码立减”“广告浮窗”的行为，破坏了被上诉人所提供互联网服务的完整性。

从“帮 5 淘”的行为看，“帮 5 淘”软件未经被上诉人许可，在“淘宝网”页面上增加“搜索框”“现金立减”“扫码立减”“广告浮窗”等内容，在他人的网站页面上强行实现自己的意志和操作指令，违反了商业道德和诚实信用原则。上

诉人未经许可，违背被上诉人的意志，在“淘宝网”页面上增加“搜索框”“现金立减”“扫码立减”“广告浮窗”等信息，会对“淘宝网”原有的商业信息进行遮挡，压缩“淘宝网”在电脑屏幕的展现宽度和广度，使被上诉人不能按照自己的意志向互联网用户提供服务，破坏了被上诉人的商业运作模式，削弱了被上诉人的购物平台的竞争力。

更为甚者，“帮5淘”插件在“淘宝网”店铺购物页面中嵌入“现金立减”“扫一扫立减1元”等可点击按钮及链接的方式，引诱用户到其网站下单、支付和收货，使得被上诉人提供的商品展示、用户下单、支付和收货等一站式购物服务模式被破坏，入驻商户与用户的联系被切断，阻碍了“淘宝网”入驻商户与用户之间的正常交流。“帮5淘”插件的行为极易导致用户误认为“帮5买”与“淘宝网”相同，阻碍了被上诉人与互联网用户之间正常的业务往来，降低了被上诉人在互联网中的影响力和竞争力，损害了被上诉人在互联网环境中的发展。

（三）“帮5淘”插件嵌入被上诉人页面并引导用户到“帮5买”平台完成交易的行为，违反了“不能未经他人许可、利用他人的服务行为或者市场份额来进行商业运作并从中获利”的商业道德

“不能未经他人许可、利用他人的服务行为或者市场份额来进行商业运作并从中获利”是市场竞争中公认的商业道德，其本质上是禁止利用他人市场成果，为自己谋取商业机会从而获得竞争优势，倡导互联网经营者通过诚信经营、公平竞争来获得竞争优势。

“淘宝网”成立到现在，经过十几年的积累，已经拥有注册用户近5亿，2016财年交易总金额高达人民币18770亿元；2008年，淘宝商城（天猫前身）上线，2012年正式更名为天猫。“淘宝网”全面涵盖“天猫商城”，所以“天猫商城”也可以完全共享“淘宝网”的用户，经过多年发展，“天猫商城”目前拥有5万多家商户，2016财年交易总金额为人民币12150亿元。无论是“淘宝网”还是“天猫商城”，都已经成为网络购物领域中的巨头，在网络购物领域中享有明显的竞争优势。

但是，上诉人通过“帮5淘”插件，嵌入被上诉人页面中，使得“帮5买”网站的广告信息得到了免费的展示，获得了不当的曝光度和关注度。更为恶劣的

是，“帮5淘”插件还利用消费者追求优惠的心理，通过降低价格或运费补贴的方式，利用“淘宝网”平台的竞争优势，截取“淘宝网”的交易机会，增加自己网站的用户量和交易量。上诉人在“淘宝网”页面上设置链接，使用户在被上诉人的页面上能够轻易地访问上诉人所链接的网站，极易引导或带走上诉人网站的访问者，对被上诉人的访问量进行了分流，导致被上诉人的访问流量减少，增加了对上诉人网站的访问量，是一种典型的搭便车行为。

（四）“帮5淘”插件嵌入被上诉人页面并引导用户到“帮5买”平台完成交易的行为，违反了“不得恶意破坏他人的经营模式上的某一链条”这一商业道德

在互联网企业的市场竞争中，应当遵守的商业道德包括对于竞争对手经营模式的尊重等内容。如果其他经营者采用恶意破坏他人的经营模式上的某一链条的手段，达到增加自身网络用户的目的，其行为应被法律所禁止。

当用户在“淘宝网”页面中点击“帮5淘”插件所嵌入的链接之后，用户在“淘宝网”的购买行为被阻断，交易被从“淘宝网”劫持到了“帮5买”网站。上诉人的行为属于在被上诉人与用户之间设置屏障，使得原本“一对多”的交易框架变成“一对一”。显然，这种行为将不断提高用户选择“帮5买”网站购物的优先性，降低了“淘宝网”作为购物入口的优先性，破坏了“淘宝网”的用户黏性。在互联网行业，这种行为显然不应当被允许。否则，任何一个企业都可以通过某一种技术，在淘宝、天猫、京东、亚马逊、唯品会的官网中，设置这样一种屏障或端口，把这些平台的用户全部“劫持”到自己的平台，然后再以自己平台的名义向淘宝、天猫、京东、亚马逊、唯品会等平台下单，达到扩大自身流量、限制他人流量的不当目的。

众所周知，“淘宝网”之所以广为公众所接受，不仅仅是平台上的商品或服务类型齐全、价格优惠，很大程度上还有赖于平台的信用担保以及售后服务等。但是，“帮5淘”插件的行为恰恰破坏了“淘宝网”信用担保及售后服务这一重要的交易链条。

（五）“帮5淘”插件嵌入被上诉人页面并引导用户到“帮5买”平台完成交易的行为，容易造成消费者对“淘宝网”“帮5买”之间关系产生误认和混淆

根据一审判决书第18页所查明的情况：“公证及勘验的相应内容反映……

（3）点击‘现金立减’等按钮则跳转至‘帮5买’网站的宝贝详情页，与‘淘宝网’原有页面对比，商品配图相同……”由于上诉人与被上诉人之间的点击按钮、页面设置高度近似，当用户在浏览“淘宝网”页面发现“帮5淘”插件所嵌入的各种浮窗、按钮、链接时，极易让一般用户误认为该浮窗、按钮、链接就是被上诉人所设置的，误认为被上诉人服务方式发生了变更或设置了新的服务方式。

即便极个别用户赋予高度注意力后发现了“帮5淘”插件所嵌入的浮窗、按钮、链接与被上诉人固有的浮窗、按钮、链接有所区别，由于这些商业元素出现在被上诉人的页面上，也极容易让用户误认为“帮5买”与“淘宝网”之间存在某种合作关系，误认为在“帮5买”网站上购物与在“淘宝网”平台购物没有实质性差别。

事实上，用户的这种混淆和误认已经客观发生。原审法院已经查明很多用户因在“淘宝网”页面中点击了“帮5淘”插件嵌入的链接进入“帮5买”网站购物之后，因查不到订单或者不能退货等问题，误认为其订单是直接从“淘宝网”平台完成，遂向“淘宝网”客服进行投诉。

（六）“帮5淘”插件嵌入被上诉人页面并引导用户到“帮5买”平台完成交易的行为，给被上诉人造成了严重的损失，也对消费者的长期利益造成了损害

就“淘宝网”而言，上诉人通过“帮5淘”插件在“淘宝网”插入“搜索框”“现金立减”“扫码立减”“广告浮窗”的商业信息，会对“淘宝网”原有的商业信息进行遮挡，压缩“淘宝网”在电脑屏幕的展现宽度和广度。这种遮挡和覆盖必然会导致入驻商户在平台内投放广告的积极性降低，进而导致被上诉人理应获得的推广收入锐减。与之相对的，“帮5买”的商业广告信息却可以在免费的情况下得到展示和推广，从中获得了不当利益。

就消费者而言，在上诉人介入消费者与被上诉人之间的买卖关系时，就切断了被上诉人对消费者后续服务的机会，也使得消费者丧失了在被上诉人购物网站上原本能够获得的“天猫积分抵扣现金”“信用升级闪电退货退款”“蚂蚁花呗授信额度”等一系列被上诉人为培养消费者选择被上诉人购物平台而设计的福利机制，有损被上诉人付出巨额代价培养的客户黏性，严重影响了消费者的购物体验以及其他权益。

（七）“帮5淘”插件的行为违反了《合同法》有关交易不受干扰的规定，具有不正当性

消费者在“淘宝网”购物前，包括“帮5买”作为买家用户时，都需要注册成为会员，接受平台的服务规则，因此用户与平台之间存在概括性服务合同关系。从本案的事实来看，用户购物的起点都在“淘宝网”，而购物的终点也在“淘宝网”，即使是未注册用户，浏览淘宝网店铺商品时，起点也是在“淘宝网”，应当认为用户与“淘宝网”是一个具体服务合同的缔结和履行过程。但是，“帮5淘”插件，强行中断上述服务合同的缔结和履行过程，人为切断“淘宝网”与用户间的合同联系。

根据《合同法》第四条的规定：“当事人依法享有自愿订立合同的权利，任何单位和个人不得非法干预。”“帮5买”为争夺交易机会和客户资源，而干扰、破坏其他经营者正常经营秩序的行为，显然违反了合同法的基本原则，具有不正当性。更进一步说，上诉人作为注册的买家用户，理应知晓“淘宝网”的用户注册协议条款，其中有用户发布信息不得存在“可能破坏、篡改、删除、影响淘宝（天猫）平台任何系统正常运行或未经授权秘密获取淘宝（天猫）平台及其他用户的数据、个人资料的病毒、木马、爬虫等恶意软件、程序代码的”的条款，上诉人显然更是一种为商业利益故意违约的行为。因此，从这个角度说，诚如一审判决所认定，“帮5买”网利用“帮购服务”所对应的减价按钮后，页面跳转至“帮5买”网站进行注册和交易，消费者直接与载和公司形成买卖合同关系，切断了买家用户使用原告服务的正常过程……明显超出了购物助手的行为边界。因此，原审判决的认定是完全正确的。

三、载和公司和载信公司构成共同侵权

如原审法院所论述的，载和公司与载信公司法人相同、具有相同的股东、经营地址相同，网站上的用户注册协议也明确两个公司属于关联公司。“帮5淘”具有嵌入其他电商平台页面的功能，载信公司在开发时对该购物插件所将实现的功能以及实现功能的具体方式、效果均明确知悉，在插件运行过程中持续地提供了技术支持。载和公司与载信公司具有共同经营“帮5淘”购物插件的主客观条件，因此，原审判决认定载和公司与载信公司共同实施侵权行为，要求承担连带责任

的认定是具有事实和法律依据的。

四、上诉人从不正当竞争行为中获得了非法利益，被上诉人遭受了重大损失，原审法院判决两上诉人赔偿100万元于法有据

（一）上诉人的不正当行为造成被上诉人网络推广收入减少

在互联网行业，任何信息在他人网站进行展示，都需要向他人网站支付费用，行业内通行的计费方式是CPM（即千次展示费用，如门户网站广告）、CPC（即每次点击费用，如搜索引擎推广）、CPS（即按照销售分成，如中小网站推广），即互联网领域任何流量都可以转化为商业利益。同理，任何商业信息要想在“淘宝网”页面得到展示的机会，都需要支付相应的对价。但是，载和公司通过“帮5淘”插件嵌入“淘宝网”页面中，未支付任何费用，就让“帮5买”网站的标识、商业信息以及原告其他竞争对手的商业信息在“淘宝网”页面中得到了免费、高频次的展现，达到了免费推广的商业目的，获得了不正当经济利益。

（二）载和公司通过“帮5淘”插件达到了截取“淘宝网”访问流量的不正当目的

“帮5淘”插件在“淘宝网”页面中嵌入“帮5买”信息及“现金立减”等可点击按钮，引导或带走“淘宝网”的访问者，对“淘宝网”网站的访问量进行分流，直接损害了“淘宝网”、购物平台的经济效益。尤其是“现金立减”等诱导性标题，更是直接将原本即将在“淘宝网”平台中完成购物的用户诱导至“帮5买”网站，所有的交易将在“帮5买”网站中发生。这一行为，直接的后果是导致被上诉人无法收取平台中网购交易所发生的技术服务费。

（三）上诉人实施不正当竞争行为的情节极其恶劣

一审法院已经查明，上诉人至少从2014年11月初便开始实施了本案所指的不正当竞争行为，实施不正当竞争行为的持续时间长。即便被上诉人曾采取了网站技术升级、行政举报等救济途径，但上诉人总是突破原告的技术措施，无视已经被行政举报的现实，仍然像寄生虫一样继续实施不正当竞争行为。更为恶劣的是，在原审法院已经做出诉前禁令裁定的情况下，上诉人不仅不收敛，还在官方网站以公告的形式对抗已经生效的诉前禁令，继续实施不正当竞争行为。可见其不正当竞争行为的情节以及动机都极其恶劣。

（四）上诉人从本案所指的不正当竞争行为中获得了巨大的经济利益

除了前面所提及上诉人得以免除了巨额的技术服务费以外，上诉人从不正当竞争中还获得了巨大的客户流量以及巨大的客户资源，使得“帮 5 买”网站迅速成为一个比较知名的购物平台。依据上诉人在二审中所提供的证据，在上诉人自行选取的几个公证时间段，从“淘宝网”平台导入“帮 5 买”平台的交易量就达数万笔。可以想象，上诉人在长达将近一年的时间里，从“淘宝网”平台导入的交易数据是何其庞大，其所获得的不当利益是何其巨大。

五、上诉人有关用户自主选择的意见偷换了“用户”与“流量”的概念，不能掩盖上诉人利用“帮 5 淘”插件实施流量劫持的实质

上诉人提出的逻辑关系是：用户主动下载“帮 5 淘”插件→用户注册成为“帮 5 买”网站的用户→不管采用何种手段，将已经是“帮 5 买”网站的用户从“淘宝网”导入“帮 5 买”网站的行为并不属于流量劫持。代理人认为，上诉人的这种逻辑是极其荒谬的。

当用户在浏览“淘宝网”时，即便因点击了上诉人所设置的链接被引导到“帮 5 买”网站，该用户的流量起点在于“淘宝网”。某一个用户注册了“淘宝网”“帮 5 买”、京东商城、一号店等平台的会员，仅表明该用户是这些平台的注册会员，注册行为并不等同于流量。因为，流量是动态的，而并非静态。当该用户浏览“淘宝网”、京东商城、一号店等购物网站时，该用户成为这些购物网站的实际流量；当该用户直接到“帮 5 买”网站去进行所谓的垂直搜索时，该用户为“帮 5 买”网站的流量。用户在“淘宝网”页面上点击“帮 5 淘”插件所设置的链接被引导至“帮 5 买”购物平台这一过程中，用户流量的起点在于“淘宝网”，该流量被上诉人劫持到了“帮 5 买”平台。

在互联网行业中，同一个人可以同时成为多个互联网企业的用户，用户重合是极其常见和合理的。用户既可以使用京东商城、淘宝（天猫），也可以使用亚马逊。但是，当京东商城对淘宝（天猫）或亚马逊实施某一项技术措施，导致原本应当发生在淘宝（天猫）或亚马逊的交易被转移至京东商城时，京东商城显然不能以这个用户原本就是京东商城的注册用户而得到豁免。在所有的互联网不正当竞争案件中，用户注册、用户自主选择等从来都不是免除不正当竞争或侵权责任的正当理由。

综上，原审判决认定两上诉人构成不正当竞争、承担损害赔偿责任以及支付合理费用等做法于法有据，上诉人的上诉理由不能成立。据此，答辩人恳请贵院能够依法驳回上诉人所提出的上诉，维持原判。

此致

上海知识产权法院

上海瀛东律师事务所

惠翔、张楠律师

谢钰睿、陈敏律师[①]

2017年9月1日

延伸阅读

民事上诉状

上诉人（原审被告）：浙江淘宝网络有限公司。

被上诉人（原审原告）：李某。

原审被告：姚某。

上诉人不服上海市闵行区人民法院2015年10月8日作出的（2015）闵民一（民）初字第10711号民事判决，特提出上诉。

① 本案是系列案件。除了浙江淘宝网络有限公司起诉了上海载和网络科技有限公司、载信软件（上海）有限公司利用“帮5淘”插件对“淘宝网”实施不正当竞争之外，浙江天猫网络有限公司也对上海载和网络科技有限公司、载信软件（上海）有限公司提起相同诉讼。浙江淘宝网络有限公司的代理人为上海瀛东律师事务所谢钰睿律师、陈敏律师，浙江天猫网络有限公司的代理人为上海瀛东律师事务所的惠翔律师、张楠律师。除诉讼主体不一致外，两个案件的案件事实以及所涉及的法律关系均相同，故四位律师共同思考、讨论、创作完成了本代理意见，系四位律师的共同作品。

上诉请求：

1. 依法撤销（2015）闵民一（民）初字第10711号民事判决，改判驳回被上诉人李某对上诉人浙江淘宝网络有限公司（以下简称淘宝）的诉讼请求或发回重审；

2. 依法判令被上诉人李某承担二审诉讼费用。

事实与理由：

一、一审法院适用法律错误

1. 原审判决将虚拟店铺转让定义为所有权转让，有违法理。

虚拟店铺是平台运营商（即第三方交易平台）提供给用户使用的、物理本质为电磁记录的虚拟空间，与传统意义上的实体店铺有很大差别。实体店铺作为有体物受《物权法》《合同法》调整，而虚拟店铺作为无体物，实际上是平台运营商与用户之间关于网络服务债权债务的集合载体，应受《合同法》调整。

虚拟店铺不符合传统物权对所有权的规定：第一，物权是直接支配权、对世权，其行使不需要借助他人的行为，义务人是不特定的，不特定的他人只负有不得侵害或妨害其权利行使的消极义务。然而虚拟财产的拥有者行使权利却恰恰需要平台运营商的配合，脱离了平台的虚拟店铺，一文不值，况且作为电磁记录形式存在的虚拟财产都存在运营商的服务器上，想要运营，必须借助平台商的支持，这就要求特定的人履行积极义务，超出了法律规定的消极义务的范围。第二，物权法上通说认为物权的客体应是有体物，而虚拟财产却是无体物。物权理论将物权的客体限制在有体物，在特别的情况下由法律特别规定，无体物才可以成为物权的客体，而目前虚拟店铺并不符合法律规定的特别条件。第三，我国目前采用物权法定主义，不允许当事人自由创设物权的种类和权能，对于物的认定也不是因为其名称上的相同而当然就称为民法上所谓的物，虚拟财物终归不是物，在不能独立存在并被权利主体有效支配的情况下，不能成为物权的客体。

现有法律体系下，所谓虚拟店铺的转让实质是网店经营权、网店信誉等级、网店平台服务协议、网店支持商服务协议等的集合转让。如果逐一分析，网店经营权类似线下商铺使用权，其经营权来源于双方的网络服务合同，不能独立于平台服务存在；网店信誉等级虽然具有一定的财产利益属性，但其具有极强的人身属性，与网络游戏道具等性质不同，无法单独进行转让，否则平台运营商可以基于服务协议拒绝为受让方提供运营支持；而网店平台服务协议、网店支持商服务协议等更是属于受《合同法》调整的范畴。因此，仅转让网店经营权、网店信誉等级，不变更网店平台服务协议、网店支持商服务协议实质是侵害了淘宝、支付宝等服务商的交易对象选择权，相当于强制服务商必须为转让方指定的第三方服务，即服务商在合同转让中只有义务没有权利，违反《合同法》的基本原则。虚拟店铺的转让应当定义为合同权利义务的概括转移，受《合同法》第七十九条、第八十八条的约束，即未征得合同相对方同意的，转让对合同权利人不产生法律约束力。

2. 原审判决认为交易双方未恶意串通损害淘宝利益，因此认定合同有效，不符合事实和法律规定。

《合同法》第五十二条对合同无效的法定情形进行了规定，其中第二项即为："恶意串通，损害国家、集体或者第三人利益"。本案中，被上诉人与原审被告的店铺转让行为即符合此种情形。

第一，买卖双方均明知淘宝规则。原审被告与淘宝签订过《淘宝服务协议》，明确知晓淘宝账号不得擅自转让，而被上诉人在起诉理由中，亦说明："2011年12月19日，原告与被告姚某签订《淘宝网店转让合同》……囿于淘宝网内部规则，系争店铺后台实名认证人为姚某，双方无法变更为原告。"结合《淘宝网店转让合同》中的条款设计（出让人及受让人的权利义务）以及被上诉人提起本案诉讼的时间（2015年5月），均表明其明确知晓淘宝规则。

第二，双方转让目的具有非正当性。淘宝信用体系的基础在于实名制、信用捆绑和信用累积。被上诉人作为新卖家，完全可以实名注册淘宝账号，凭自己的经营行为积累信誉，但其采取买卖方式取得原审被告"4钻店铺"，实际是一种不正当的竞争行为。而原审被告隐瞒淘宝，私下转让"店铺"，违反其对淘宝的承诺，同样侵害淘宝和消费者的知情权。

第三，双方行为损害了淘宝作为平台经营者的利益。原审判决亦指出："被告淘宝公司作为淘宝网络平台的经营方，所制定的淘宝服务协议，旨在有效维护虚拟市场中的交易秩序和安全，并通过信用等级的设定作为买卖双方对交易风险的判断，若未有效限制和管理网店的转让，信用等级的设定亦失去原始意义，交易风险显著增加，既不利于买卖双方的交易，亦不利于淘宝网络平台的经营。”故双方的行为对淘宝的损害是毋庸置疑的。但遗憾的是，一审法院虽然认识到这一点，却作出了相悖的判决，实在是让上诉人无法理解。

3. 原审判决淘宝需对网店店主私下转让店铺的行为履行协助义务，也无法律依据。

法律上的义务来源有两类，即法定义务与约定义务。上诉人对于被上诉人转让店铺的行为，既无法律规定的义务，也无合同约定的义务，何来协助之说。

第一，买卖双方转让店铺的行为实则是《合同法》上的概括转让，《合同法》第八十八条规定：“当事人一方经对方同意，可以将自己在合同中的权利和义务一并转让给第三人。”《淘宝服务协议》载明：“您的登录名、淘宝昵称和密码不得以任何方式买卖、转让、赠与或继承，除非有法律明确规定或司法裁定，并经淘宝同意，且需提供淘宝要求的合格的文件材料并根据淘宝制定的操作流程办理。”即合约赋予上诉人阻止网店注册人转让店铺的权利，网店注册人也需要履行不得转让店铺的义务。本案中，姚某将店铺转让给被上诉人符合《合同法》第八十八条将合同权利义务一并转让的规定，由上述法条可以看出概括转让的前提是必须取得原合同相对方，即上诉人的同意，本案中，上诉人不仅不同意转让，还明示拒绝追认，则被上诉人与姚某的合同对上诉人无任何效力。

第二，依据合同相对性原则，店铺转让协议即使有效，也只在被上诉人与原审被告姚某之间发生效力，对上诉人毫无法律约束力。“任何人不能为第三方设定义务”是合同法的基本准则，原审法院却以明显违反法律的形式，判令上诉人对姚某此种违约转让店铺行为进行协助，此义务既无法律依据，更无约定依据，于法于理，均让上诉人无法接受。

第三，《淘宝服务协议》作为公开协议，对全球用户开放，店铺转让在淘宝规则中是被明令禁止的，在“法无禁止性规定”的前提下，“淘宝规则”可以作为确定权利义务的规则。基于前述理由，被上诉人是在其明知淘宝规则和转让风险的情况下，仍然进行的受让行为，即使法院认定《淘宝网店转让合同》有效，被上诉人亦不符合善意第三人的相关条件，被上诉人的相关请求显然不能对抗淘宝早已公示的规则。更何况，买卖双方还在《淘宝网店转让合同》中明确约定：“乙方（被上诉人）再次转让网店时需取得甲方（原审被告）同意，否则不得转让。”可以知晓转让方亦担心受让方再次转让而造成交易风险，如果被上诉人再次转让网店，受让人要求淘宝予以协助，淘宝如何进行审查，法院又当如何进行评判？

二、一审法院适用程序不当

原审判决认为此例案件为个案，未对市场交易安全产生不利影响，不仅有违事实，更违背程序法的相关规定，存在程序适用明显不当的情形。

淘宝现今作为中国网络购物的第一大平台，据目前统计，用户已超越 1.4 亿，面对如此庞大的用户群，任何规则的细微修改都会产生巨大的影响力，何来个案之说？个案又如何定性？至于原审所述的未产生不利影响是指何时？现在还是未来？要知道，眼前的影响是可控的，未来深远的影响才更令人担忧。若按照原审判决，所有淘宝店主均可以随意违反与上诉人之间的合同约定，任意进行店铺的转让，并且上诉人还需履行协助店铺转让的义务，不仅将毫无依据的义务强加于上诉人之上，更是将网络交易的安全处于悬崖境地。

其一，网络交易安全岌岌可危。店铺自由转让，实际是淘宝实名认证制度被架空。实名制作为各个卖家进入淘宝平台的首要门槛，不仅是淘宝对自己平台的一种维护，更是淘宝面向 1.4 亿买家的承诺，对整个交易市场、交易秩序的一道保护屏障与最后防线。淘宝要求卖家必须经过实名认证才可进入淘宝平台，并终身对自己的每一笔交易的安全负责，对整个交易市场进行维护，以实名制缴纳保证金形式来督促卖家进行诚意交易，实名制犹如卖家头顶的紧箍咒，时时刻刻提醒卖家，任何交易都必须合法合规，对消费者负责，以此维护整个网络交易市场的安全。

若如原判决所述，店铺间可以任意进行买卖，实质上是架空了淘宝的实名认证制度，店铺买受人无须进行实名认证，即可从他人手中买入店铺，进行非法买卖，假货猖獗，而淘宝却无法进行监管，网络交易市场安全面临崩盘。

其二，消费者的交易安全无法保障。淘宝网店设立灵活、成本低廉，但也先天性地具有相应的缺陷，即缺乏企业应具有的责任财产。淘宝店主类似于我国现有制度中的“个体工商户”，即都具有极强的人身属性。国务院制定的《个体工商户条例》第十条规定：“个体工商户登记事项变更的，应当向登记机关申请办理变更登记。个体工商户变更经营者的，应当在办理注销登记后，由新的经营者重新申请办理注册登记。家庭经营的个体工商户在家庭成员间变更经营者的，依照前款规定办理变更手续。”该条实际确立了个体工商户营业执照不得擅自转让的规则。与此类似的是淘宝网店的信誉等级累积制度，起到类似经营监管作用。即使今后鼓励市场发展，允许一定范围内网店的自由转让，也应制定一套完整的规则，如受让人提供保证金制度等作为必要的补充。在规则尚未完善之前，法院不宜过早突破市场中业已存在的规则体系，以免引起连锁反应，侵害消费者权益。

店铺的自由转让意味着淘宝店铺的信誉制度废除。“皇冠”作为商铺的信用等级，不仅是卖家对于店铺的心血之作，也是买家购物、挑选店铺的一个重要标准，由于网店的虚拟性质，卖家无法看到实物进行对比，此时，信誉成为网上购物的买家挑选产品时的重要考量因素，信誉是一家店铺最大的价值之所在，若店铺可以自由转让，意味着信誉也可以转让，买受方无须进行努力，即可得到高信誉店铺，后又可卖出，无须用心经营，之后进行的交易是否合法，产品是否合格，无人能够知晓，责任主体混乱，最后受害的肯定是被蒙在鼓里的消费者，消费利益将一再受损。

其三，上诉人仅有义务无权利。淘宝之所以有信誉制度，也是淘宝作为平台第三方，对卖家信誉的一种担保。新修订的《消费者权益保护法》第四十四条规定：“……网络交易平台提供者不能提供销售者或者服务者的真实名称、地址和有效联系方式的，消费者也可以向网络交易平台提供者要求赔偿；网络交易平台提供者作出更有利于消费者的承诺的，应当履行承诺……网络交易平台提供者明知或者应知销售者或者服务者利用其平台侵害消费者权益，未采取必要措施的，依法与该消费者或者服务者承担连带责任。”在平台承担如此大的责任的前提下，倘若店铺可以随意转让，买受人是何种情况，进行何种经营，淘宝就算知道其经营不合格，还未来得及处罚，店主就可利用转让店铺来逃之夭夭，淘宝就算再想监管，却心有余而力不足，最后的结果将是作为直接责任人的卖家可以轻易逃脱，淘宝却要对每一个买入店铺的后者行为承担责任，却又无权进行监管，这是否颠覆了法律对于权利和义务平等的规则？

鉴于本案的复杂性和普适性，显然不属于《民事诉讼法》第一百五十七条规定的：基层人民法院和它派出的法庭审理事实清楚、权利义务关系明确、争议不大的简单的民事案件，适用本章（简易程序）规定。

可以想见，正因为一审法院未充分考虑本案判决结果对社会造成的巨大影响，故轻率地适用简易程序即行下判，该程序适用明显有悖于法律规定，亦侵害当事人的程序利益，构成"裁判突袭"，二审法院应予纠正。

三、一审法院未考虑判决的可执行问题

目前对虚拟店铺转让并无完整规则，即使判决虚拟店铺可进行自由转让，现今也无法有效执行。

实践中，对于虚拟店铺能否转让，怎样转让还无完整确定的法律依据和成熟的经验、规则，此时，即使法院作出相应判决，如何执行也无明确依据可以参照。

现实中，网络购物平台不仅仅是自己在运作，其还与各种支付宝系统、网银系统、微信系统等多种金融支付系统有着千丝万缕的联系，一旦虚拟店铺可以任意转让，转让后店铺的债权债务关系将十分混乱，更多的诉讼接踵而至，实践中已经大量出现因为虚拟店铺私下转让后，店铺买卖双方因责任承担不清，或后手利用前手的账户进行盗取钱财等一系列诉讼，造成法院极大的诉累。

况且，虚拟店铺不仅仅是淘宝一户独家经营，京东、1 号店、苏宁易购作为交易平台，与淘宝的经营模式类似，如果以此案例为参照，则全国的虚拟网络平台即将面临全线崩溃，消费者对于网络交易安全的信任度急剧降低，网络经济发展将出现历史性倒退。

综上，一审判决审理程序选择不当，适用法律明显错误。为此，上诉人请求二审法院廓清本案基本法律关系后，从充分保护消费者权益、市场交易秩序及安全、促进市场经济健康有序发展的角度出发，支持上诉人的全部上诉请求。

此致

上海市第一中级人民法院

上诉人：浙江淘宝网络有限公司

××××年×月×日

律师如何代理二审不利案件

因为机缘巧合，笔者曾经在二审阶段介入过几起案件，这些案件毫无例外地都是因为一审意外败诉，导致委托方对原代理律师失去信任所致。由此看来，诉讼律师实则是压力大、风险高的职业，任何一点疏忽都可能导致灾难性的后果。

二审介入对后继律师而言，既是机遇又是挑战。对我而言，最大的机遇是提供了难得的视角，可以第三者的角度重新审视一审诉讼策略的得失。以下是我结合典型案例，对于扭转二审不利局面的一些粗浅想法：

一、关于对待一审败诉的正确姿态

1. 一审败诉，应归咎于法官失察还是检查自身诉讼行为的不足？

第一，无论是什么原因，一审已成定局。最重要的是调整心态，备战二审。就委托方而言，更换律师是最立竿见影的方式，因为新的律师必然会带来新的思路。但就代理方而言，更换律师却未必是最好的方式，因为二审审理节奏偏快，后续律师需要时间熟悉案情，短时间内拿出客户认可的新方案难度不小。

第二，如果一审律师继续代理二审，应当客观地向客户解释一审败诉的原因。否则单纯归咎于法官失察，除失去客户的信任外，别无用处。一般而言，法院裁判理由一定有其合理之处，原因在于法官专业化程度比律师更高，一个普通法官在某一领域处理的案件数量甚至远超知名律师。更重要的是，法官判案还有内部裁判口径（如审判会议纪要）的支撑。因此，律师要客观分析一审裁判信息。

第三，律师自己要找到发挥不足的原因。就目前的司法状况而言，一审法官工作负荷巨大，往往同时处理几十件甚至上百件案件，法官审判更注重“总体方向正确”而非“百分百精确”。律师则不同，律师可以对单个案件精雕细琢、反复考虑。打个不恰当的比喻，基层法官是“量贩作业”，律师则是“精品作坊”，律师有义务对自己的代理行为提出更高的要求。

2. 一审败诉完全是坏事吗？

不是。俗话说：“笑到最后才是笑得最好的。”一审判决并非最后的结局，不利的局面有时会提高客户的重视度并激发代理律师的潜能，使己方更为谨慎地对待之后的每个诉讼行为。相反，对手可能麻痹大意，过度乐观，躺在一审胜诉的“功劳簿”上“睡大觉”，不愿意继续在诉讼中投入更多的资源。从这个意义上来说，一审败诉也可以成为机遇。

二、扭转二审不利局面的正确策略

1. 复盘。要把一审判决书当作最“伟大”的“言情小说”反复研读，直至熟悉其裁判结果的每一个出处，找到一审败诉的核心原因。重点要关注审判程序是否合法、事实查明是否遗漏和判决说理是否符合逻辑，要读懂每个程序、每个文字背后的潜台词。

以我们团队二审代理的浙江淘宝网络有限公司（以下简称淘宝公司）网络店铺转让纠纷案为例（该案成功逆转一审判决，其核心争议是：网络店铺业主私下转让网店能否对抗淘宝平台规则）。当时，我们研读一审判决书时捕捉到三个信息：第一，一审代理律师主攻方向是店铺转让合同无效；第二，一审裁判理由认为，网店转让方与受让方私下转让店铺虽有不妥，影响淘宝网的信用管理体系，但淘宝规则约束的是转让方，而受让方一直诚信经营，未损害淘宝公司利益，故本案可作为个案处理，淘宝公司应协助受让方变更店铺的后台实名认证信息；第三，一审法院仅适用简易程序就审结了此案，程序上有所失当。

由此，我们得出结论：其一，一审抗辩中，代理律师未充分阐述网络店铺与现实店铺的差别，以致裁判结果将网络店铺转让简单等同于现实世界的店铺转让；其二，辩方律师和法官都未注意到本案的复杂性（涉及虚拟财产保护和平台规则的冲突）和普适性（对网购平台、商家、消费者产生的示范效应），以致法院仅适用简易程序即作出一审判决，并毫不避讳地称“本案系作为个案处理”，裁判逻辑存在重大失误。

2. 重构二审诉讼策略。找到一审败诉的原因后，必须重新构建诉讼策略。常见的误区是：二审中重复一审的代理观点，白白浪费了二审的翻盘机会。事实上，除非一审裁判结果是低级错误（如笔误、计算错误），否则在二审简单重复一审观点，往往效果不好。原因在于，二审法院一般需要尊重一审法院的司法裁量权，一审败诉往往意味着败诉方观点说服力还不到位，没有达到一审法官无法忽视的程度。因此，二审中，上诉方必须给二审法官提供足够的改判理由，律师必须构建逻辑更加深入、层次更加丰富的进攻、防守体系，即使没有找到新的理论支撑，也要尝试换个角度去说服法官。

上述案件中，我们对诉讼策略做了如下调整：

第一，对网络店铺转让进行精确定义，主张网络店铺与现实店铺不同，其实质是网店经营权、信誉等级、网络平台服务协议、网络平台支持商（如支付宝、阿里妈妈）服务协议等的集合转让，基础是网店平台服务协议的转让，根据合同法规定，合同权利义务的概括转让必须得到合同相对方（即淘宝公司）的同意。

第二，论述淘宝平台规则的合理性，网络店铺设立灵活，成本低廉，但也缺乏现实企业所具有的责任财产。信誉等级制度起到起码的公示作用，是平台有效监管的必要手段，也对消费者知情权起到保护作用，因此淘宝平台禁止网店私下转让有其现实基础。

第三，对一审裁判的“个案说”提出更高维度的质疑，强调本案的普适性，将处理结果提高到涉及“公共利益”的高度，促使法院采取更为谨慎的态度处理涉及互联网交易规则的案件。

3. 说服委托方提供更强有力的支持。诉讼，从某种角度上说是对资源的消耗。由于二审的回旋余地大大减少，当事人应当调动更多的资源投入案件。代理律师应说服委托方提供更多的支持，如在涉及商业模式、经营数据、技术等方面，应由专业人员作为专家证人或是代理人共同出庭陈述。还可以通过其他渠道阐明立场、观点、态度，如就法律前沿问题组织专家论证会、提供专家意见书等，以提高二审法官对于案件的关注度。

三、扭转二审不利局面的正确技巧

1. 事实、实体法和程序。美国律师界有句格言：“当法律对你方有利，则敲响法律；当事实对你方有利，则敲响事实。如果法律与事实均对你方不利，就敲响桌子。”这句格言对中国律师代理二审案件同样适用。如果能找到强有力的理论观点和相似案例支撑，如最高法院或上级法院公布的判例、指引，或者法学家的论著，应当着重攻击一审法律适用的逻辑；如果寻找到新的证据，或发现原审遗漏的重要事实，将导致定性发生变化，则着重于改变一审的事实认定；如果两者都没有机会，那只能敲响程序（严重违反程序的情形，如合议庭组成人员与裁判文书具名人员不符、不当剥夺辩论权利等），或者敲响桌子（主攻利益显著失衡，社会效果不佳等）。

2. 永远把最有利的观点放在第一位。民诉法规定，对没有提出新的事实、证据或者理由的，二审法院可以不开庭审理而采取书面审的方式。对代理律师而言，书写上诉状往往是个两难命题，一方面基于风险考虑，要力求面面俱到；另一方面逻辑上还要自成体系、避免观点混乱。但无论如何，上诉方律师需要把最有利的观点放在首页首条，如果逻辑上没有办法放在首位，一定要以加粗的字体提示，确保法官能看到，因为你不知道二审法官是否有“密集阅读恐惧症”，是否会忽略你最有力的上诉观点。所以，为争取开庭陈述的机会，请仔细斟酌你的上诉观点及排列方式。

3. 小处着手。上诉案件中有种情形是“可改可不改”，这种案件改判难度最大。有时对法律适用争执不下时，律师可以考虑从最小处着手。比如有个案件，二审法官认为一审判罚违约金明显偏高，但基于司法权威的考虑，倾向于维持一审判决。但我们发现，一审判决的主文序号写错了，案件有“硬伤”必须要改，最终二审法官一并调低了违约金的判罚尺度。

总之，诉讼代理犹如“平地起高楼”，一砖一瓦，皆有文章。如果一审不利，律师当殚精竭虑，追根溯源，或扭转战局，或因势妥协，方能为当事人争取最大的权益。

庭期冲突，该如何说服法官

每个诉讼律师都会遇到庭期冲突的问题：当你走进办公室，赫然发现桌上放着两份同一时间开庭的法院传票，心中不由得暗暗叫苦。更为尴尬的是，有的法官认为传票传唤的是案件当事人而非律师，法院只有义务提前通知律师，没有义务为律师协调庭期冲突问题。那么，律师应当如何处理才能最大限度地说服法官呢？

一、合理安排

首先，律师在接案的时候就应该合理预见庭期冲突的问题，并了解案件所涉法院的繁忙程度，特别是同一时期接受案件委托数量较多的，应主动联系主审法官或书记员，告知须回避安排庭审的日期，或是请求法院安排庭审日期时提前与律师进行沟通，尽可能避免发生庭期冲突问题。须注意的是，上述告知应以书面形式为主，以免法官或书记员由于工作繁忙而忘记律师的口头告知。

其次，律师在与委托人确定委托事项时，应当明确客户的需求，如委托人强烈依赖律师个人诉讼经验而非律所诉讼团队，要求主办律师本人必须出庭的，律师最好建议客户在向法院出具授权委托书时，明确受托人仅为主办律师一人。如果是立案或开庭需要其他律师协助的，应单独出具“代为立案”的授权委托书，或是正式开庭时补交新的授权委托书，以避免法院事先以“出庭律师可以更换”为由，拒绝更改庭期。

二、换位思考

律师在发生庭期冲突时，如果一味站在自身立场上考虑问题，往往事与愿违。

首先，律师要了解法官更改庭期并非易事，特别是经济发达地区，法院不但案件数量多而且审理节奏快，庭审排期就像影院排片一样，要考虑不同案件的搭配问题。有的法官需要与其他法官合用法庭或书记员，特别是适用普通程序审理的案件，主审法官还需要额外地考虑审判长和陪审员的档期问题。再加上如果当事人一方人数众多，部分当事人又在外地的，通知各方当事人本身就是件费时费力的事情，在这种情况下，法官（包括书记员）当然不愿意轻易更改已经确定的庭期。

其次，律师请求更改庭期时，往往不分轻重缓急，一味地提出要求，而不愿为法官考虑解决方案。事实上，到底是甲法院更改庭期，还是乙法院更改庭期，并非取决于哪家法院的法官好说话，而是要具体问题具体分析。一般而言，同等情况下，遵循“先来后到”的处理原则，即应以传票发出的日期为准，协调后发出传票的法院更改庭期。但是，特殊情况下，应根据轻重缓急来协商处理，如后发出传票的案件是公告案件，无法更改庭期的，则应协调先发出传票的法院更改庭期。又如，后发出传票的案件当事人人数特别众多，通知难度过大的，也可以协调先发出传票的法院更改庭期。在陈述理由和改期方案时，律师应准备必要的书面材料邮寄或传真给法官，如庭期冲突的传票、当事人的诉状、人民法院报的公告信息等，以方便法官考量更改庭期的必要性。

最后，律师还应把握法官的心理，有些法官不愿更改庭期是怕带来今后排庭的麻烦或担心给对方当事人留下“不当关系”的口实，这种情况下，律师应主动寻求解决路径，比如，笔者有一个案件，就是提出由自己和对方律师沟通，确定新的庭审日期后，再通知法官改期成功的。须注意的是，说服法官更改庭期后一定要确保再次确定的日期与自己的日程安排不冲突，否则再发生庭期冲突，那只能“打碎牙自己咽”了。

三、据理力争

很多律师遇见庭期冲突，并不清楚自己有无权利申请法官改期，因此，碰上不讲道理的法官或是恶意刁难的法官，往往是束手无策。只能选择牺牲其中一件案件委托人的利益，来保证另一个案件的办理质量。其实，这时候律师的心里是非常憋屈的，因为被牺牲一方客户往往不能接受这样的安排。其他律师即使能够代为出庭，也很难达到主办律师出庭的效果。

那么，律师可以援引哪些民事法律规定呢？

《民事诉讼法》第一百四十三条："原告经传票传唤，无正当理由拒不到庭的，或者未经法庭许可中途退庭的，可以按撤诉处理；被告反诉的，可以缺席判决。"

《民事诉讼法》第一百四十四条："被告经传票传唤，无正当理由拒不到庭的，或者未经法庭许可中途退庭的，可以缺席判决。"

《民事诉讼法》第一百四十六条："有下列情形之一的，可以延期开庭审理：（一）必须到庭的当事人和其他诉讼参与人有正当理由没有到庭的……（四）其他应当延期的情形。"

分析上述法律规定，可以发现法律并未明确规定"律师庭期冲突"属于必须延期开庭的情形，而是赋予法官以自由裁量的权利。但是，如果法院以此为由裁定撤诉或按缺席判决的话，必须是未到庭一方"无正当理由拒不到庭"。律师还是应当据理力争，陈述己方"并非拒不出庭"而是"无法出庭"的理由，必要时附上委托人独家委托的声明，并保留交涉的相应证据。

当然，出现极端情形时，律师还是应当与委托人充分沟通，根据案件不同情况，制订相应的备选方案，以最大限度地维护委托人的利益。

律师如何代理仲裁案件

对于律师而言，代理仲裁案件和代理法院案件体验一样吗？诉讼思路和策略一样吗？对结果的预期一样吗？恐怕不同的律师有不同的答案。

于我而言，仲裁裁决与法院审判是两套完全不同的游戏规则，非常有总结的必要。相较于法院程序，仲裁程序有着极其鲜明的特点，并很大程度上会影响律师的代理思路和行为模式。

一、仲裁可以"点仲裁员"，更像"斗地主"游戏

根据各国通行的做法，仲裁机构应是非政府、民间的、非营利性的商事争议解决机构，服务于市场经济。虽然我国仲裁机构的体制还在理顺之中，但是其独立于行政、司法体系的地位应该是社会共识。

仲裁机构的案源来自双方当事人事先明确的合意，而法院的案源来自法律的直接规定。如果以医院类比，法院像公立三甲综合性医院，从来都是人满为患，不缺案源；而仲裁机构更像是民营专科医院，服务于高端人群，服务态度相对友好。

因此，仲裁机构有着相对灵活的裁决规则，如何用好仲裁规则是代理律师应当着重研究的。比如选择仲裁员。如果对比法院程序，律师就会觉得这是一个很大的福利。在法院诉讼，当事人是没有选择法官的机会的。那么，选择仲裁员是"鸡肋"程序还是有实际意义呢？如果以扑克牌中的"斗地主"游戏来看，就相当于"农民""斗地主"的时候有了同盟军。

很多律师选择边裁的时候只看认识不认识，不看仲裁员的专业背景，其实这种选择方式是错误的，也失去了选择仲裁员的意义。因为仲裁合议庭中，边裁也

只是1票，而首席仲裁员一般为仲裁机构指定。如果仲裁庭合意时，你选择的边裁专业背景很强，有话语权，则相当于1票变成1.5票（争取首席仲裁员倾向性支持）甚至2票（争取首席仲裁员的完全支持）。因此，选择仲裁员特别是己方边裁时，一定要做好功课，最好是优先选择专业背景强且同类型案件的观点与己方基本相同的仲裁员。

二、仲裁讲求商事思维，要讲好法律、商业两套故事

仲裁机构是处理商事纠纷的专门性机构，当然更注重商事思维的运用。商事思维与民事思维的区别在于，商事思维更加注重契约背后的真实意思表示，只要意思表示真实，不违反法律禁止性规定，契约就应当得到严格遵守，契约本身的公平性并不是着重需要考量的因素。

因此，律师代理商事仲裁案件，除了准备相应法律观点和证据外，还要了解相关商业模式和商业惯例，对于法律没有规定或法律规定模糊的领域，运用商业思维，可以帮助仲裁机构迅速厘清是非曲直，更好地裁决案件。

比如我们代理的磐石投资的增资合同纠纷案件①，被申请人以《公司法》第十六条的规定进行抗辩。我们除了提出最高院128号案件②的新裁判思路外，还当庭着重陈述了担保合同的签订背景。当时西能公司连续两年没有达到业绩目标，且面临现金流枯竭的危险。磐石投资作为财务投资人完全可以依据协议对重组方案行使“一票否决权”，并主张回购，但为挽救企业，磐石投资提出由西能公司进行担保，磐石此举完全出于“善意”，且符合公司发展和全体股东的利益（其他股东已经通过重组方案），故从商业角度，磐石投资已经支付机会成本的对价，理应得到契约的救济。

---

① 该案基本案情是：磐石投资与被投资的西能公司的股东进行业绩对赌，后因西能公司经营陷入困境，磐石投资同意西能公司重组，但要求西能公司对股东应付业绩补偿款提供相应担保。

② 详见2018年9月，中国裁判文书网发布的（2016）最高法民再128号《强某某、曹某某股权转让纠纷再审民事判决书》。该判决认为“投资人与公司原股东对赌有效，约定目标公司为原股东对赌失败的回购义务承担连带责任担保”的约定亦有效。

最终仲裁机构采纳了我方的主张，裁决西能公司承担连带担保责任。

三、仲裁更少受裁判框架的拘束

仲裁机构根据案件临时组庭，仲裁员一般都是兼职的专家、学者、律师等各行各业的人士，因此，仲裁员较少受到职业训练，也就不会有很多裁判框架。再加上仲裁是“一裁终局”，仲裁更容易突破现有司法判例的限制。

当然，对于律师来说，仲裁的这个特点是一把双刃剑。

积极方面来说，对于法律疑难案件，律师通过仲裁程序更能说服仲裁员进行裁判创新。

消极方面来说，仲裁机构的裁判观点容易受到方方面面的干扰，缺乏可预见性。而且，“一裁终局”使律师丧失了案件救济的有效途径。

因此，律师代理仲裁案件，对客户的预期承诺要保守，对于案件的准备要更为细致和精准。最好的方式是，第一，庭前有预案。要把案件根据争议焦点制作庭审纲要，针对每个可能的问题列明法律和事实支撑点，法律方面要有主流观点的论证，以及有层次地展开观点。事实方面要有归纳和串联。第二，庭审中有侧重。要根据仲裁员的审理思路和兴趣点，不断地调整陈述和举证的重点，使仲裁庭完整、全面地听取己方的观点。第三，庭后有补充，律师要根据庭审的情况，判断哪些观点已经被仲裁员接受，哪些观点没有被接受，甚至是仲裁员没有听清或忽略的，从而进行有针对性的拾遗补阙。

基于“一裁终局”的特性，仲裁程序中提交代理词的重要性要高于法院程序，律师应当花时间、花精力制作好这一法律文书。

四、仲裁更关注细节

职业法官裁判案件，能够从成百上千的同类型案件中提炼出切实可行的裁判思路和争议焦点，而仲裁庭多为临时性组庭，仲裁员审理的案件类型又千差万别。因此，仲裁员归纳争议焦点的能力一般弱于职业法官。

仲裁员的优势在于对商业模式和商业惯例的理解与提炼。

同时，受到调查权的限制，仲裁庭一般对于事实的查明能力要弱于法院。

这就对代理律师提出了更高的要求：一方面对宏观的把握能力要强，在庭审中紧紧围绕争议焦点不跑偏；另一方面对细节关注的敏锐度也要强，在局部细节审理上也要不落下风。

五、仲裁更希望律师配合

仲裁庭的组成人员一般是功成名就的专家、学者、律师、企业高管等，组庭不易，时间宝贵。

因此，相比较于法院对于律师的态度，仲裁员显得更为友好和开放。就笔者参与的仲裁案件而言，仲裁机构更喜欢通过律师的配合，来提高仲裁效率。

首先，仲裁机构对程序的关注度很高，特别是证据和法律观点的开示。法院一般重视证据开示，但较为不重视双方观点的开示。因此，经常在裁判文书中看到对方庭审中没有发表过但以书面形式补充的观点和意见。而仲裁机构会不厌其烦地组织双方交换各自的观点和意见。对于律师而言，虽然增加了工作量，但也防止了观点突袭。律师应当如重视庭审一样重视庭后的书面观点交锋，这相当于“不开庭的补充庭审”。

其次，仲裁机构更重视书面文件的提交。由于组庭不易，仲裁机构更倾向于律师以书面形式对庭审观点进行归纳总结，以弥补庭审时间的不足。同时，仲裁员更希望律师提供电子文本，以利于裁决文书的制作（裁决书需要详尽地描述双方的攻防过程）。此时，如果律师的文书制作能力强，体现出鲜明的观点、清晰的逻辑、深厚的功底，无疑会增加代理意见被采纳及引用的概率。因此，像仲裁员一样思考、像专家一样表达，就成为仲裁代理中的一把利器。

以上为笔者之“管中窥豹”。其实，比较仲裁与法院程序的不同特点并不是目的。先贤告诉我们：“兵无常势、水无常形。”只有常常反思和总结，才能在各种环境的实战中应对自如、提高胜率。

律师应当对案件进行复盘吗

很多律师觉得，案件结束的标志就是：收钱 + 归档。甚至说，如果不是律所要求强制预留一定费用作为归档保证金，有些人会干脆连归档程序都省了。但在我看来，办案如果仅仅到此为止，实在是差点儿“意思”，对不起辛苦争取而来的案源。比较好的做法是对案件进行全面复盘，把每个案件的内在价值开发到极致。

一、我们为什么要对案件进行复盘？

复盘，围棋术语，是指对局完毕后，复演该盘棋的记录，以检查对局中招法的优劣与得失。作为律师，我更愿意把“复盘行为”称为“修炼进阶”，即把成功的经验总结出来应用到下一个案件，使之重复；而把失败的教训归纳出来警示下一个案件，使之避免重蹈覆辙。为什么非要经过如此程序呢？

1. 诉讼律师是案件“喂出来”的。前段时间“传武大师”屡屡被徐晓冬“KO（击败）”，有人说中国武术不行，其实是“传武大师”脱离了实战，并不适合擂台这个为专业散打运动员创立的舞台。任何招数离开力量、速度、地域、规则、时机，都难以发挥作用。诉讼也是如此，脱离案件实战，光有理论知识不行，但总是不讲章法，指望“乱拳打死老师傅”也不行。诉讼，其实就是由无数的专业细节和相互串联的流程所组成，每个节点都马虎不得。比如说互联网案件，脱离一个个网络取证行为，就难以锁定对方的持续侵权行为。甚至一个微信聊天记录，欠缺对方身份的证明，也不能形成完整的证据链。因此，当诉讼律师不能像专业法官一样获得无限案源时，应当格外珍惜每一次实战机会，尽量通过复盘总结办案规律，练就“举一反三”的能力。

2. 办案的过程即营销的过程。所谓营销，就是让客户从不同维度感知你，记住你。如果能通过复盘的方式，清楚地告诉客户，法官是如何对案件作出最终裁决的，某个法律争点支持的依据是什么，不支持的依据又是什么，无疑能传递给客户这样的信息——赢，不是偶然；输，则在计算之中。那复盘实际等同于一次成功的“秀肌肉”营销行为。

3. 律师应当努力向社会传播律师职业独特的价值。对于诉讼律师而言，好案件可遇而不可求，特别是全国首例、上海市首例等标杆性案件。如果遇上了，就得好好对待，不能轻易放过。一个优秀案例的产生，离不开法官和律师的共同努力。因此，复盘并不是法官的专利，律师同样应该展示专业的风采。即使不是首例，如果具有普适性价值，律师也应该不吝时间，用文字予以归纳总结。

二、我们应当如何对案件进行复盘？

有人说，我办的案件没有新意，还有必要进行复盘吗？其实，复盘分为对内和对外，其意义在于检视、提炼、输出，只要三者居其一，复盘就是有价值的。

1. 复盘哪些环节？首先，可以按照质量指标、效率指标、收益指标、协同指标等对内检视如下要素内容：

（1）诉讼目标及代理合同约定是否合理。即对客户需求理解是否准确？是否与客户共同制定诉讼目标？制定的诉讼策略是否得当？报价和合同是否与案件的难度和最终创造的价值相匹配？是否能有效控制风险代理中的各风险节点？诉讼目标与诉讼结果的达成度如何？客户满意度如何？与客户有无继续合作的可能性？

（2）庭前准备是否充分。即对法官审判风格和对方律师代理风格了解是否准确？对法律关系的判断是否准确？对请求权基础和诉讼争点的预判是否准确？对双方进攻和防御角度的预判是否有效？相关法律和案例检索效果如何？己方观点的表述是否明确而有逻辑层次？事实与证据的编排是否充分、合理？对突发情况处理是否有相应预案？

（3）庭审陈述是否清晰和有效。即《庭审纪要》制作是否完善？是否围绕争点展开事实与证据？对法官和对方可能的发问是否有准备？是否用图表等可视化方式辅助陈述，效果如何？对证人盘问是否有预案，实际效果如何？法庭辩论效果如何？

（4）开庭后是否有效弥补庭审缺失。即对法官布置任务（补充调查、证据补强、情况说明、代理意见、调解方案等）落实情况如何？对开庭效果的自我认知度如何？是否能根据庭审情况进行策略调整及证据补强，效果如何？与法官沟通效果如何？二审中诉讼策略有无进行调整？与诉讼开始前预判有无重大出入，原因是什么？

（5）团队分工协作是否有效。即主办律师和辅庭律师的分工是否清晰？完成任务是否及时、有效？中途有未进行调整，原因是什么？

其次，在对内检视的基础上，进行提炼。提炼主要围绕法律适用、办案规律以及知识管理展开。比如：案件在法律适用上是否有创新点？是否在客户洽谈、诉讼目标及诉讼策略制定、报价和合同、庭审准备、庭审陈述、法律文书制作、团队协作等方面有可普遍适用的办案规律？是否需要添加知识管理（比如网络取证技术）？

最后，将提炼的内容进行输出。输出的途径有两种：一种是对内输出，用于团队学习；另一种是对外输出，可以是结案报告，向客户提交，也可以是案例分析，向法律媒体（律师杂志、法律微信公众号、个人或官方微博）进行投稿，也可以是演讲稿和论文形式，参与法律征文、专业论坛、学术比赛等行业交流。

2. 复盘的方式：复盘可以采取表格形式，通常采用的是律所统一印制的结案表格。当然，若律师自己设计表格则更佳，表格内容可以参考常见诉讼的各个环节和流程。但是，对于可以深度挖掘的案件，最好的复盘方式还是输出（包括演讲和写作）。因为复盘是颇费律师精力和成本的事情，如果没有适度的外力强制和结果反馈，很难持续坚持。我的做法是将复盘与日常工作和口碑传播结合起来，比如《诉讼禁令的自由裁量权规制》是参加“华东律师论坛”的征文论文，《维度打击——关于阿里案件的深度思考》是在全律师机构主任会议上发表演讲基础上形成的观点文章，诸如此类。

3. 形成复盘成果：复盘的最终目的是什么？规避各种执业陷阱，提高办案质量和效率并形成口碑传播。因此，检验复盘效果，就在于后续办案过程中能否自觉地运用总结出的策略、规律、技巧以赢得客户，提升市场竞争能力。一个突出的事例是：因为持续地复盘输出，我赢得了律所内外很多法官、律师、法务以及其他行业人士的认可，也获得了源源不断的案件合作机会。

通过复盘，我充分地感觉到：法律博大精深就如浩瀚的大海，只有不断地忙时在风浪中磨炼，闲时在海边捡拾，才有机会采撷到海中的奇珍异宝。哪怕只有一刻，能够自由地享受在天空中飞翔、在大海中弄潮的快乐，此生足矣。

复盘案例：浙江天猫网络有限公司（浙江淘宝网络有限公司）与上海载和网络科技有限公司、载信软件（上海）有限公司不正当竞争纠纷案

1. 案例类型：知识产权—流量劫持。

2. 案例概要：载和公司是“帮5买”网（以帮购为主的电子商务网站）的运营方。载和公司开发了一款插件，当用户下载该插件，再浏览淘宝、天猫页面时，该插件会在淘宝、天猫平台页面中插入横幅、二维码、“M”标识、搜索框等元素，并在商品详情页中插入“帮5买扫一扫立减一元”的图标和“现金立减”等按钮，点击该按钮则跳转至“帮5买”网站的宝贝详情页，以此向消费者提供帮购、同类商品及活动推荐、垂直搜索、一站收藏及价格走势等服务。

3. 案例亮点：全国首例颁布的不正当竞争领域“诉前禁令”，2015年及2017年度“中国十大最具研究价值的知识产权案例”；最高人民法院公布的“2015年中国法院50件典型知识产权案例”；2019年第二届上海律师学术大赛“代理词类”优秀奖。

4. 客户满意度：非常满意，用“诉前禁令”解决客户处理知识产权争议“周期长、认定难、赔偿低”的痛点问题；跨越修订前后的《反不正当竞争法》，从网络语境下的“流量劫持”至修订后的《反不正当竞争法》认定的“技术干扰”不正当竞争行为。

5. 客户介绍：阿里巴巴集团是世界500强企业，全球电子商务的龙头企业。“淘宝网”“天猫商城”是阿里巴巴最主要的业务板块，围绕“淘宝”“天猫”，阿里巴巴构筑了完整的电子商务商业帝国。

案例阅读指引：

1. 针对客户，通过“明确客户需求（目标）—分解问题—事实与证据—结论”四步法确定采取“行为保全”为第一阶段目标，争取案件胜诉为第二阶段目标（详见《起诉那点事》）。

2. 针对法官，用法官思维指导案件办理，综合运用法官的“合法性思维、正义思维和多元思维”审视案件，根据可能的争议焦点组织观点和事实（详见《法官思维与律师思维》）。

3. 针对对手，综合运用程序性武器（行为保全）和实体性武器（公共利益等维度）（详见《如何开启诉讼律师的战斗模式》《维度打击——关于阿里案件的深度思考》）给侵权方以持续的诉讼压力。

案例复盘之一：关于“技术干扰”不正当竞争行为的司法认定

案件信息

1. 案件名称：浙江天猫网络有限公司诉上海载和网络科技有限公司、载信软件（上海）有限公司不正当竞争案

2. 案号：（2017）沪73民终197号（二审）、（2015）浦民三（知）初字第1962号（一审）

3. 审理法院：上海知识产权法院（二审，2017年12月14日作出判决）；上海市浦东新区人民法院（一审，2017年4月11日作出判决）

4. 原告（被上诉人）：浙江天猫网络有限公司（以下简称天猫公司）

被告（上诉人）：上海载和网络科技有限公司（以下简称载和公司）、载信软件（上海）有限公司（以下简称载信公司）

5. 法院判决：

一、载和公司、载信公司共同赔偿天猫公司经济损失100万元及为制止侵权行为所支付的合理开支10万元；

二、载和公司、载信公司共同在“天猫商城”（www.tmall.com）和“帮5买”网站（www.bm5.com）首页上连续发布公开声明，消除因其不正当竞争行为对天猫公司造成的不良影响。

一、案件背景与基本案情

1. 案件背景

随着网络技术的飞速发展和电子商务领域的竞争加剧，新类型不正当竞争行为和手段层出不穷。对此，受侵害方往往以修订前的《反不正当竞争法》（1993年9月2日颁布，以下简称旧反法）第二条“不正当竞争行为”原则性条款提出诉讼，侵害方往往以技术革新、符合互联网产业的发展趋势以及提升消费者福祉为由提出抗辩。最高人民法院在山东省食品进出口公司等与马某等不正当竞争案中明确指出，适用原则性条款认定不正当竞争行为需同时具备三项条件：一是法律对该种竞争行为未作出特别规定；二是其他经营者的合法权益确因该竞争行为受到了实际损失；三是该种竞争行为确因违反诚实信用原则和公认的商业道德而具有不正当性。由于“不正当性”具有道德批判性而属于主观归责标准，诉辩双方通常会就此问题展开激烈交锋。

本案的特殊性在于：修订后的《反不正当竞争法》（2017年11月4日颁布，2018年1月1日实施，以下简称新反法）中拓宽了“商业混淆”的认定标准，增设了“技术干扰”的不正当竞争行为，因此，二审审理不免受到新反法的指导与影响，最终二审根据新反法的精神在“技术干扰”维度上，结合“商业混淆”确认了被控竞争行为的“不正当性”，维持了一审判决。

2. 基本案情

载信公司根据载和公司的要求设计开发了“帮5淘”插件。该插件安装运行后会在天猫平台页面中插入横幅、二维码、搜索框及带有“M”标识的图标等内容，并在商品详情页面中插入“帮5买扫一扫立减1元”的图标和“现金立减”等按钮，点击这些按钮则跳转至“帮5买”网站的宝贝详情页，以此向消费者提供帮购、同类商品及活动推荐、垂直搜索、一站收藏及价格走势等服务。

二、争议焦点及法律适用

在“天猫商城”诉“帮5买”网的二审中，载和、载信公司除了坚持一审中“与天猫商城不具有竞争关系”以及“没有与天猫商城实施争夺用户流量入口的行为，损害天猫商城的交易量和用户黏性”之外，还重点对一审认定的“行为不正当性”展开攻击：1. 行业中主要的购物助手软件体现了行业惯例：一是在网络购物平台插入相关标识；二是用户点击相关标识后会跳转至购物助手网站，或第三方商品网页；2. 用户事先安装“帮 5 淘”插件，并进行告知，用户可以选择关闭，不会造成混淆；3.“帮 5 买”网站主观上没有“搭便车”的故意，插件并非针对“天猫商城”单独进行设计；4. 一审判决无视消费者福祉，过度保护天猫公司的既有利益，可能导致阻碍竞争，对互联网产业发展和商业模式的创新带来负面效果。

法院认为，首先，竞争的本质是对经营资源和商业机会的争夺，对于竞争关系应作广义理解；其次，消费者使用涉案软件享受比价和帮购服务时，仍需由“帮 5 买”网代替消费者至“天猫商城”下单，没有证据显示“天猫商城”网站总体流量减少，但流量起始入口发生变化，原先选择在“天猫商城”直接购物的用户改为选择在“帮 5 买”网站获得购物服务。就电子商务网站而言，流量入口具有很大的经济价值。而且，最终与“天猫商城”商户交易的是载和公司而非消费者，意味着“天猫商城”丧失真实的交易数据，故上诉人的行为显然对被上诉人的合法利益造成损害。

关于“不正当性”，法院做了重点阐述，认为上诉人的行为实质是“技术干扰”，是否违背公认的商业道德，应考虑以下因素：

第一，是否对被干扰方的经营造成过度妨碍。本案中，就具体商品详情页面插入相应标识和按钮而言，这些标识和按钮直接嵌入“天猫商城”网站页面的显著位置，与“天猫商城”网站内容形成一体，且通过插入的按钮引导消费者至其网站交易，用户对此无法选择关闭，该行为严重破坏“天猫商城”网站的页面完整性和信息展示权，属于过度妨害“天猫商城”正常经营的行为。

第二，是否具有正面的市场效应。比价、帮购软件有一定的合理性，但上诉人在“天猫商城”网站中心位置页面中插入图标和按钮，并引导消费者至其网站交易的行为，足以使相关消费者对其提供的服务主体产生混淆，或认为两者网站具有特定的关联关系，虽然涉案软件事先作出了一定的告知，但并未有效消除公众产生的混淆。

第三，综合考量各方利益，上诉人的行为既可能给消费者带来福利，也可能误导消费者，其对“天猫商城”网站所造成的损害与其正面效应不成比例，并且上诉人提供服务并非必须通过本案中手段实现。而且，长此以往，将会破坏电子商务与比价、帮购等服务共存的生态，进而影响消费者福利。因此，从利益衡量角度，上诉人的行为亦具有不正当性。

三、律师观点

本案的审理跨越旧反法实施和新反法的颁布，新反法的亮点之一，就是在以往的竞争者相互之间的利益考量维度外，增加了消费者利益的考量维度。如果总体上增加了消费者福利，又没有对经营者的正常经营构成过度的妨害，则其他经营者负有相应容忍的义务。

新反法的亮点之二，就是针对互联网竞争领域，具体规定了“技术干扰”的不正当竞争行为。新反法第十二条第二款规定：“经营者不得利用技术手段，通过影响用户选择或者其他方式，实施下列妨碍、破坏其他经营者合法提供的网络产品或者服务正常运行的行为：（一）未经其他经营者同意，在其合法提供的网络产品或者服务中，插入链接、强制进行目标跳转……”

上述规定既受到实务界的欢迎，又受到理论界的一些质疑，理由是有些插入链接并跳转的行为并未侵犯经营者权利，又为消费者提供了更多选择，未尝不可。本案诉辩双方的交锋和两级法院的审理是对“技术干扰”这一新类型不正当竞争行为边界的一次实务诠释。

之所以天猫公司的诉求和观点获得两级法院的认同，在于代理团队在审理中找到对方竞争行为的本质是和淘宝、天猫公司争夺网购客户流量的入口以及交易大数据，并始终坚持多维度地阐述对方竞争行为的“不正当性”。

第一，从经营者双方的利益角度而言。代理律师认可在互联网领域应当允许适度的技术创新和商业模式的碰撞，否则后入者永远无法与先入者形成充分的竞争；但同时认为，如果任由后入者不加节制地利用先入者巨额投入所形成的竞争资源，无疑是鼓励“食人而肥”“搭便车”，违背公平竞争的市场氛围。行为边界就在于“度”的把握，尤其是载和公司利用插件在“天猫商城”商品详情页中心位置插入“现金立减”等图标和按钮，且与原页面浑然一体，且点击后跳转至“帮5买”网类似页面风格的宝贝详情页，由“帮5买”网代替消费者至“天猫商城”商户下单，妨害了“天猫商城”页面的完整性和信息的正常展示，并强行介入和改变“天猫商城”和消费者之间的服务合同正常缔结过程，无疑违反《合同法》

第四条“不得非法干预他人自愿订立合同”这一公认的商业道德（法律是最低限度的道德）以及相关行业规范。

第二，从经营者与消费者利益的角度而言。在举证过程中，代理律师提供大量平台客服投诉记录以及论坛中客户留言，证明消费者已经产生混淆。诚如二审法院所言，载和公司帮购服务既可能给消费者带来一定福利，也可能产生误导消费者的情形。本案中，“帮 5 淘”插件在“天猫商城”商品详情页面中心位置插入图标、按钮，且与页面浑然一体，并引导消费者至“帮 5 买”网交易，使消费者误以为两者之间存在合作关系，侵害了消费者的知情权，限制了消费者的选择权，新反法亮点之三，即其第六条亦规定：“经营者不得实施下列混淆行为，引人误认为是他人商品或者与他人存在特定联系：……（三）擅自使用他人有一定影响的域名主体部分、网站名称、网页等……”因此，难以认定载和公司的行为总体增加了市场供给、提升了消费者福利。

第三，在代理过程中，律师还提出在本案诉讼前，双方已经针对“帮 5 淘”恶意插件进行了一定的技术反制与对抗，长此以往，将损害经营者各自所在行业的共同利益。最终，二审法院采纳了天猫公司的观点，对经营者所在行业的相互利益进行衡量，认为比价、帮购服务网站与电子商务网站是“皮之不存毛将焉附”的关系，虽然“帮 5 买”网可能会给部分消费者带来福利，但是会给电子商务网站的商业投入和创新带来负面影响，因此，从这个角度而言，“帮 5 买”网的竞争行为亦具有不正当性。

总之，无论是适用《反不正当竞争法》第二条原则性条款，还是根据修订后的《反不正当竞争法》规定的具体的不正当竞争行为提出主张，在法院越来越综合考量经营者的个体商业利益和公共利益的平衡的背景下，律师需要具有全局意识及综合论证能力，才能在诉讼中提高胜诉可能性，这是本案带给我们的启发。

案例复盘之二：诉讼代理中的“维度策略”

人们普遍认为，律师思维应当是狼性的，富有进攻性和创造力，而法官应当稳如大象，居中裁决。这是由于法官和律师处理案件的不同视角所决定的。

这带来一个问题：相较法官的超脱和专业领域内的深度和广度而言，律师由于紧盯着客户目标而容易“只见树叶不见森林”，这种维度缺失导致律师很难“跳出案件看案件”。因此，对于疑难、复杂的诉讼案件，如果律师不仅仅局限于法律本身，能够多维度地思考，甚至能够从具体的案件中抽离出来，站在类似“上帝视角”上全面研究问题、分析问题、提出解决问题的方案，则能够对对手形成居高临下的打击，并说服法官形成对己方有利的裁判尺度和裁判结果。

以我们团队代理的“淘宝、天猫”诉“帮5买”网关于“流量劫持”的不正当竞争案件为例。

该案诉讼准备阶段，我们遇到的最大问题就是：根据“原则性条款”主张的不正当竞争案件普遍存在“审理周期长、行为认定难、赔偿数额低”的情形，被告往往利用诉讼程序的复杂性去获利或消解原告的竞争优势，导致“原告难以弥补的损害”，故我们制定的策略就是“降维打击”，通过申请行为禁令的方式取消被告从侵权行为中持续获利的可能性。为此，淘宝、天猫从2014年11月就开始收集对方涉嫌不正当竞争的证据，经过近一年时间的数据监控和公证取证后，我们于“2015年双十一购物狂欢节”前，向工商部门提出侵权投诉，并向法院提起诉讼，同时申请行为禁令，禁止“帮5买”网利用插件继续插标至淘宝、天猫商城网页中的行为。

应该说，我们的前期策略是非常成功的。

得益于淘宝、天猫商城极高的市场竞争优势、“双十一购物狂欢节”的巨大影响以及证明材料的闭环性，经过听证程序，法院最终认定“帮5买”网涉嫌不正当地利用淘宝、天猫的知名度和用户基础，可能构成不正当竞争，而且认为“双十一购物狂欢节在即，如不及时制止侵权行为，可能对淘宝、天猫的竞争优势、市场份额造成难以弥补的损害”，故同意颁发了全国首例不正当竞争领域内“诉前禁令”。

但是，“帮5买”网并不是一般的小网站。面对涉及商业模式的生死之战，他们也聘请了国内知名律所的知识产权团队与我们对垒。“帮5买”网采取的诉讼策略就是打“维度大战”，把我们拖入法律、技术、商业、行业、消费者福利等各个维度的泥潭。

首先，在法律维度上，对方为消解我方的优势，提出3个观点：1. 被告的业务是帮购，和很多知名网站均有合作关系，与原告没有直接竞争关系；2. 使用“帮5淘”

插件的都是已经知晓"帮 5 买"网，自愿下载、安装插件的、有帮购需求的用户，不会造成"混淆"；3. 流量起点在"帮 5 买"网，由于最终交易也会回到淘宝、天猫，不会导致网购平台的流量损失，相反由于其价格补贴会增加平台交易。

另外，对方提出，从技术维度，"帮 5 淘"采用的是众多购物助手普遍采用的"浏览器扩展技术"，插件并未对原告网页代码作任何遮挡、覆盖或修改；从商业维度，被告商业模式增加原告平台交易量，对原告有益，故原告起诉被告是为扼杀商业竞争，维护自身垄断利益；从行业维度，被告提供服务并未违反诚实信用原则和公认的商业道德，包括原告自己旗下的"如意淘"在内的 8 款购物助手均采用浏览器扩展技术，用户安装软件后访问购物网站，均会在原有页面添加价格走势图、搜索框等内容，点击则会跳转至购物助手网站或商品所在购物网站；从消费者维度，"帮 5 淘"是增加了消费者的知情权、选择权，也就是促进了消费者的福利。

针对被告提起的"维度大战"，我们的应对策略是采用"上帝视角"。通过内部研讨、专家论证的方式，我们力争全方位考量本案审判结果对市场可能的影响，并模拟法官的视角去审视。最终得出一个结论：法院的审判难点是既要考虑"帮 5 淘"插件利用技术干扰其他网站经营行为的不正当性，又要考虑"其他购物助手软件"提升消费者福利的合理性，避免一棍子打死，故"不正当性"的论证核心是"度"的问题。简单地说，所有市场竞争主体的竞争行为或多或少都带有"损人利己"的成分，从法院的角度，正当竞争就是竞争主体对"度"的有效把握。

因为对方始终把立足点放在两个经营主体之间的竞争关系上，我们论证时就把眼光扩展到整个互联网市场的竞争秩序上。

首先，在法律维度，我们廓清了三个观点：1. 互联网竞争关系是泛竞争关系，只要争夺相同用户的交易机会，就存在竞争关系。2. 下载层面的知情权、选择权和软件使用层面的不同，软件使用由于干扰了原网站的正常使用、运营，因此要遵循"非公益必要不干扰"和"来源标识"原则。而在首页，"帮 5 买"的横幅插在平台顶部，压缩了淘宝、天猫网页内容的展示，更为显著的是，"帮 5 淘"插件在淘宝、天猫"商品详情页"上插入减价按钮和标识，这些元素直接嵌入网站显著位置，且与网站内容浑然一体，用户无法选择关闭，且没有显著的来源标识，点击会跳转至

"帮5买"网站交易，足以使消费者对服务提供主体存在错误认知，或认为双方之间存在合作关系，因此混淆是显而易见的。3."帮5淘"诱导消费者至其网站下单，代消费者至淘宝、天猫平台订购商品，虽然一定时间内总的交易量不变，但将"多对多"交易变成"一对多"交易，将使淘宝、天猫丧失流量入口的地位以及真实交易数据，损害了淘宝、天猫耗费巨额成本积累起的竞争优势。

关于技术维度，我们提出无论何种技术，均不能超越界限干扰其他经营者的正常经营，不能基于"技术中立""消费者选择"等理由侵害他人合法权益；关于商业维度，我们指出对方商业模式的本质是与我们争夺交易入口和交易数据，并非基于公益目的；关于行业维度，我们主张合法、有序竞争，指出如放任此种竞争模式，将使互联网企业陷入技术干扰与反制的泥潭中，反过来影响行业的发展和消费者福利；关于消费者维度，我们指出"帮5买"网存在误导消费者的情形，且根据其他"购物助手"的情形，"帮5买"网本可以在提升消费者福利的同时，将对其他网站的影响减到最低。

最终，经过多轮辩论，我们赢得了维度大战的胜利，一、二审法院基本采纳了我们的观点，认定"帮5买"网不正当竞争行为成立。

本案给我们的启示是：诉讼就像刘慈欣小说《三体》中所描述的星际战争，当强弱分明时，应当聚焦优势，采取"财产保全"等类似"高维打击"的方式，破坏对方诉讼对抗的基础；而强弱不分明时，则应采取"降维打击"的方式，力争通过"诉前禁令"等消解对方程序维度优势的方式，达成均势；而均势以后，比拼的就是双方对于诉讼资源消耗的承受度。

但，战略层面上，涉及法院自由裁量权行使的案件中，全面性和看问题的高度才是决定胜负手的关键，这就要求我们在复杂诉讼中，能够综合运用法律、技术、商业、产业、管理等思维，多方位论证，以达成"上帝视角"。

第三章
专业技能——市场与专业

今天很残酷，明天很美好，但是大多数人都死在成功的前一天晚上。

——马云

律师如何克服案源焦虑

焦虑，是每个律师都无法回避的心理状态。可以说，律师从执业第一天起，焦虑就如影随形，其中最大的焦虑点，就是案源问题。如果没有案源，律师就如同美人迟暮、英雄气短，空有抱负但难以施展。那么，到底应如何看待和解决案源焦虑？在我看来，既然无法回避，那就勇敢面对。

一、学会和焦虑共舞

焦虑本身是人类一种正常的情感反应，是长期以来面对生存危险和资源紧缺所进化出的一种保护机制。适度的焦虑，目的是提醒我们“居安思危”，从而引导我们采取措施、调动资源、未雨绸缪，使事态向好的方面发展。

比如说法官会担心案源问题吗？不会，法院最不缺的就是案源，因为法院提供的是公共服务，法官只会发愁如何办完堆积如山的案件。而律师则不同，律师提供的是市场服务，而且“售卖”的还是非标准化的“（专业法律服务）定制产品”，所以律师与客户之间的匹配渠道并不畅通。一方面客户吐槽找不到好的（其实是匹配的）律师，另一方面律师担心过于狭窄的专业方向会导致案源的不持续，因此，“万金油”才会成为律师的“标配”。

想明白这一点后，我们就应该学会和焦虑共舞。只有适度的“紧张、担心、忧虑、烦恼”才会促使我们不断去思考如何与目标客户匹配，最有效的触达渠道是什么？

举个例子，我曾经问过一个律师，他解决案源焦虑的方法是什么？他说：“很简单啊！当我觉得焦虑的时候，我就请朋友吃饭。上一波（请客效应）会给我带来现在的案源，现在的一波（请客效应）会给我带来未来的案源。”其实，他的获客渠道就是社交营销。虽然话“糙”但理不“糙”。

二、找到适合自己的“商业模式”

每个律师都应该仔细想想自己的商业模式。所谓商业模式就是律师在竞争细分领域时和各个市场主体间的交易关系和连接方式，核心是如何实现盈利目标。

比方说律师要达到每年创收 100 万元律师费的目标。参照著名战略管理学家迈克尔·波特的钻石竞争模型，他要考虑以下五个方面的因素。

1. 竞争领域。即进入哪个法律服务细分领域，该领域能否提供大于创收目标的市场需求，现有竞争者和竞争态势如何？有没有潜在的进入者？

2. 途径。即哪些渠道可以接触到目标客户群体，这些群体有什么共同特征，可以使律师（针对这些共性）创造价值？

3. 竞争因子。即核心竞争力，律师有哪些资源和能力，可以提供目标客户群体所需要的法律服务？

4. 阶段。即怎样进行市场推广和推广顺序如何？

5. 经济逻辑。即如何赚钱，如何向目标客户群体解释定价机制？收入能否覆盖所有的成本？回报率如何？

以 A 律师为例，如果他的核心竞争力是案件执行，目标是通过和其他律师合作，从而达到创收 100 万元的目标。那么，他首先要确定的是市场需求和规模，如果律所专业化分工和合作机制能够提供每年 100 万元的需求，那他的主要目标客户群体就是律所内需要执行合作的其他律师或团队，途径就是通过社交、讲座、媒体、个案合作等不同方式让别人了解自己对于执行领域的价值主张以及相应的资源和能力，赚钱模式就是合作分成。如果在所内具有稀缺性，分成比例可以定高一点；如果需要和同样模式的其他律师竞争，则分成比例可以定低一点。至于阶段，可以先从诉讼团队合作起，然后拓展到非诉团队。如果足够专业，甚至可以把该模式复制到律所以外。

当然，A 律师创收 100 万元和创收 1000 万元的商业模式肯定是不一样的，后者肯定需要建立团队和发展更多的渠道，但原理是相通的，即努力是要建立在适合自己的商业逻辑上，才能慢慢摆脱“焦虑”。

三、开发每一个案件

一个很可惜的现象是，许多律师总是对潜在案件情有独钟，却忽略已有案件，他们可能是需要尽可能地占有潜在机会，才会有安全感。

但是，律师毕竟提供的是专业服务，如果不能将精力放在做好案件上，可能是得了一批案源，而又失去另一批案源，故律师应当重视已有案源，甚至是抱着“挖宝”的心态去开发现有案源。

1. 重视与客户合作的首单案件。律师和客户之间需要建立信任和进行磨合，如果首单案件做好了，则可能产生源源不断的后续合作；相反，如果首单案件做砸了，即使推荐你的朋友有心继续推荐，合作的风险也会大大增加。因此，首单业务必须重视，有时甚至是不计成本也要把案件做好。

2. 重视渠道客户的案件。有些客户不但是案件合作方，而且其影响力还可以辐射行业里的其他客户，如行业中的头部企业或者某一个领域内的意见领袖。对于渠道客户，哪怕是非常小的案件，为其提供服务也是一种能力的背书。

3. 重视案件诉讼目标的分解。有一次所内培训的时候，我提出了一个观点，即对案件要进行预判，对诉讼目标要予以分解细化，把大的诉讼目标分解成若干可执行的风险代理目标，从而增加风险代理的实现概率，相当于一个案件拆成若干个小案件，如果均一一实现了，即等同于收 1 个案件变成 3 个案件甚至更多。成本不变，但案源实质上增加了。

四、找到合适的执业平台

平台和努力哪个更重要？有个律师对我说，她服务了很多年的顾问单位准备上市，但她所在的律所没有能够承接 IPO 项目的团队，只能眼睁睁地看着机会从指缝中溜走。的确，平台对于律师的重要性不言而喻，选对平台就意味着插上腾飞的翅膀。

有人说，那找个品牌大所执业不就得了？事实上没有那么简单。律师获取案源很重要，但其他因素也不得不考虑，比如发展方向、阶段、专业契合度、对自由的理解、工作强度、收入、安全感……心理学显示，跳槽是有成本的，跳槽的收益要两倍于其损失才不会产生后悔的情绪。

品牌大所有品牌大所的优势，如品牌有附加值、能够集聚头部资源、专业领域强势，但品牌大所未必适合所有律师，工作强度大、竞争激烈、心理压力大是“标配”，另外还聪明人、牛人扎堆，江湖传奇和纷争同样多。关于这个可以参考一下宫斗剧，“众星拱月”只是少数，大多数都要甘做“配角”。

那么，如果你刚好处于成长期，又不希望悄无声息，应该怎么选择平台呢？或许那些处于成长期的律所是个很好的选择，与其预测未来，不如共同创造未来。

五、建立一种良性生态圈

要解决案源焦虑，必须围绕你的商业模式构建生态圈。比如专注于走专业路线的，必须抓住律所—专业群体—客户的路径。

首先，律所本身就是个资源和信息的集聚地，你身边的同事既是专业群体，又是潜在的客户群体。如果你所在的律所是强调专业化分工的律所，那你的同事将是最优质的客户，建立信任的成本很低，同时只要专注于专业就行。

其次，律协的专业委员会也是一个非常好的渠道。在这里，你可以找到细分领域内的翘楚律师，了解他们是怎么工作的、怎么样建立起声誉的，并且他们如果对你认可，愿意为你背书，可以轻松地帮助你获得客户的信任和委托。

此外，行业协会也是一个获得案源的良好舞台。行业协会的理事单位一般都是区域内的头部企业，拥有相应资源和话语权，如果获得行业协会或其中理事单位的背书，无疑可以获得更多和同类型企业接触的机会。

诸如此类，所以我们会看到一些律师名片上印着多种头衔，实际就是一种生态圈展示，运作得好，确实可以起到吸引案源的作用。当然，如果没有光鲜的生态圈怎么办呢？那就把专业做好、加入有生态圈的团队，律师界从不缺少长袖善舞、八面玲珑的人，缺少的永远是沉下心、踏踏实实把案件做好的律师。

道路千万条，真理就一条。提升自己的能力，做对别人有价值的人。不念过往，不畏将来，我相信，机会就在不远的转角处。

律师如何走上专业化之路

律师专业化是个两难命题。原因在于除极少数公司化律所外，国内的律所大多采取合伙制，律师提成后，其实和团队外律师没有过多的利益瓜葛，因而在专业化分工和合作上基本处于自发状态。但是，越来越多的行业竞争，又天然要求律师向专业化进化。那么，到底什么样的律师能被称为专业律师呢？

至少有三个可供评判的标准：第一，定位清晰，在行业内有一定的聚焦度；第二，专业扎实，在行业内有一定的认可度；第三，持续输出，在行业内有知识分享能力。

一、关于律师专业化定位问题

这个问题如同“先有鸡，还是先有蛋”一样，每个律师都会有不同的回答。原因在于：前提不一样。律师是高度市场化的职业，任何专业化企图离开特定市场背景都是“无源之水”，或者沦为“屠龙之术”。如，一线城市和三、四线城市的律师对于专业化的理解就不完全一致，初级律师和执业五六年的律师对于专业化要求也不一致。

但是，寻找自己的定位，却是每个专业化律师的必经之路。

定位的本质，其实是选择何种姿态切入法律服务市场。

第一，定位离不开对市场的认知。法律服务市场与其他商品市场一样，离不开供求关系定律。在某一具体的市场中，法律服务需求是什么？有哪些律师能够供给？是供大于求，还是求大于供？这些因素决定了律师是走成本化路线，还是差异化路线。

第二，定位离不开对自己和他人的认知。“每个人都有闪光点”，有的人有敏锐的市场嗅觉，有的人精于表达，有的人长于研究，有的人则擅长整合团队完成项目，这些都是专业能力的体现。互联网时代，一个突出的特征就是连接，每个人不必能力面面俱到，而是应当将自身特长发挥到极致，而短板则由团队其他成员予以弥补。

第三，定位应善于“标签化”表达。就像太阳的标签就是“阳刚”，月亮的标签就是“柔美”，成功的定位应当是发生特定场景时，别人会第一时间联想到你。而我，在执业初期强化“16 年法官经验”，随着执业经验和成功案例的累积，现在的我，不断强化“战略型诉讼律师”的标签，即在法律、财税、媒体公关等多维度为客户提供战略型争议解决方案。

二、关于专业化过程中的误区问题

专业化之所以难以坚持，是因为法律服务本身是低频化需求。很多律师刻苦钻研业务，对某个领域内的法律规定和典型案例如数家珍，但是尴尬的是，接不到有质量的案件，因而也得不到充分实践的机会。

专业法官转行做律师，很容易突破业务专业化的“瓶颈”，但是也会遇到同样的问题，比如说，原来是知识产权法官，朋友介绍过来的都是民间借贷案件，做不做？不做，“流量逸失”。做，“专业稀释”。

这些都是律师专业化的误区，即将专业化简单等同于业务专业化，因此执业领域狭窄，不能适应市场的变化和满足客户的真实需求。

笔者看来，专业化有三个层次，第一层次是自己认为的“专业化”，即业务专业化，需要在具体业务领域深耕至少五年以上，经过大量案件的锻炼，形成一定理论与实践的结合。自我认同，是专业化的基础，因为自己最骗不了自己，这也是律师持续进阶的内心动力。第二层次是客户认可的“专业化”，即市场专业化，无论是外貌、谈吐、文书、沟通等细节，还是诉讼中抓要点，解决难题的能力，均给客户形成专业的印象，使客户将你的名字与某类法律服务相联系。第三层次是行业内普遍认同的“专业化”，即专家律师，成为某法律大类领域的翘楚。

如刑辩专家翟建。

要成为客户和同行认可的“专业化”，就必须从业务专业化向思维专业化过渡。思维专业化是指突破某一具体法律部门的桎梏，以法律思维为基础，结合产业思维、哲学思维、营销思维、管理思维等多维度思维模式去思考、解决法律业务问题以及职业发展问题。

三、律师如何走上专业化之路

现在律师走专业化的道路，比 10 年前难度大大降低。首先，互联网应用使知识的获取难度大大降低，很多法律数据库如“中国裁判文书网”“北大法宝”“威科先行”等使年轻律师很容易找到参考案例，针对律师的网络或线下培训途径也越来越多；其次，身边来自各行各业的包括前法官、检察官，有工商税务等相关工作背景的律师越来越多，提供了更多专业化学习的途径；最后，科技的发展，催生了新兴的法律需求，如泛娱乐（影视、动漫、游戏、直播等）、人工智能、大数据等。我身边的一个青年律师，就是因为喜欢研究动漫游戏，而成为泛娱乐领域内的专业律师。

但是，专业化不是一朝一夕就能完成的，如果专业化唾手可得，那市场上将充斥着专家，这显然是不合理的。公认的律师大咖是“天赋＋运气＋汗水”的结合，但普通律师至少可以达到市场专业化的层次。这就需要设定目标后，不断地予以练习、复盘、输出。

第一，找到兴趣与市场的结合点。“兴趣是最好的老师”，如果以金钱为动力，则很容易为眼前利益所动，特别是收入停滞、下滑时，会丧失继续前行的动力。但是，离开市场的正向反馈，专业化也很难坚持下去，因为律师的主要成本是时间，如果方向错误，则损失的是机会成本。一般稳妥的做法是找到适合自己的专业化平台，跟着市场的需求走，在“积累中找感觉”，而我的做法是坚持强化“兴趣＋自身优势”，并找到新的燃爆点。

关于兴趣。法官生涯 16 年，我办理了将近 2000 件案件，但是对法律思维和诉讼策略尤感兴趣，因此做法官时，除了办案以外，就是总结审判思路。我曾经参与“上海法官智库丛书”的编撰，并参与多起有影响力案件的审判和法宣工作，为我以后的文字归纳能力打下了基础。做律师以后，我把从事法官、律师职业的感悟写成文字，形成了《向左走，向右走》《法官的世界》《律师的苦累与取舍》等文章，收获了不少好评，形成了正向激励，别人也因此知道我在房地产诉讼领域的专业经历。

关于自身优势。每个人都有自身的优势，我的优势在于法官标签加持、思维缜密、战略大局观好，因此对案件比一般律师分析得要深远。比如在团队合作案件中，我会重点做法律服务方案中的诉讼争点归纳和诉讼策略设计，而将服务报价交给其他律师去做，久而久之，形成结构性的思维模块，针对不同类型的案件，均能给出专业化的分析意见，既提示风险，又不至于让客户对诉讼前景丧失信心。

关于成功案例。由于之前长期从事民商事审判工作，我做律师后的执业方向也主要集中在争议解决领域。除代理房地产案件外，我还代理了一些涉互联网案件，这些案件虽然有互联网的技术或商业光环，但并未远离传统的法律部门，如合同法、侵权责任法等范畴。因此，深入了解了“平台思维”“流量”“估值”“用户黏性”等互联网商业概念后，很容易把它们代入交易机会、预期利润、商誉损失等传统法律概念中。在成功代理了阿里巴巴集团的数起战略性诉讼后，我也将执业范围触达网络侵权领域，并不断在这个领域内拓展、延伸。

第二，坚持专业化思维和表达，不断在实战中强化练习。就思维方法而言，法律思维是基础，就像到医院看病要遵循诊疗规程一样，律师办理案件亦要遵循一定的思维模式。律师执业是以结果（客户目标）为导向的，因而律师的思维过程与法官相反，是结论（客户需求）→小前提（事实与证据）→大前提（法律规范）。问题是：案件事实（自然事实）虽然是客观存在的，但是具有法律评价效果的事实（法律事实）却是需要“表达”或“构建”的，因而锁定事实时，仍需在“法律—事实”间往复穿梭。

比方说：客户 A 向 B 购买房屋，交易过程中房屋被法院执行局查封，客户的诉求是解除执行查封。咨询中 A 向律师陈述很多事实，如某年某月某日经中介公司看房、某年某月某日签约、某年某月某日向 B 催告注销抵押……可以编成一本“流水账”。但是，根据执行异议的法律规范，律师需要锁定的法律事实是：1. 查封原因（是否基于金钱债务）；2. 签订买卖合同时间（是否是查封之前）；3. 房屋是否交付及交付时间（查封前是否合法占有房地产）；4. 房款支付情况；5. 未办理过户的原因（是否归责于买受人）。如果吻合，则律师可以得出结论，建议通过执行异议程序帮助当事人解除房屋查封；如果不完全吻合，如未签订书面房屋交接书，则看能否补救。比如已进场装修，可以提供装修合同及现场照片证明合法占有的事实。如无法补救，则律师要适当修改客户需求，通过主张继续履行，以剩余房款代为清偿债务、解除查封的方式，达成客户获取房屋产权的根本目的。

在执业过程中，如果律师坚持以需求（目标）→分解问题→事实与证据→结论的思维方式来解决问题，并将思维过程以适当的方式展示给客户，无疑能获得客户的专业认可。最简单的方式是，客户用 40 分钟说清的事实，你用思维简图 10 分钟就归纳清楚。

除此以外，如果律师还具有产业思维，如适当阐述产业竞争的现状、纠纷产生的深层次原因、法律之外的纠纷解决方式；营销思维，将法律服务视作产品，让客户感受到不同的用户体验；哲学思维，辩证地分析诉讼利弊等，无疑可以提供超出客户预期的服务价值。

第三，不断复盘和输出。专业化过程中，要克服短期冲动，建立"复利思维"，即民间借贷中的"驴打滚、利滚利"，积"小胜为大胜"。比如案件办理完毕后，或进行团队分享，或写文章复盘。长此以往，你的视角和分析就越来越专业，并能成为一种良性循环。读书、办案、复盘、写作、再读书，形成闭环生态。

复盘形成习惯后，还要学会对外输出。复盘是向内的，输出则是外向的。罗振宇（《逻辑思维》主讲人）曾说："传统社会最重要的资产，是财富和能力。未来社会最重要的资产，是影响力。影响力怎么构成，最重要的是两个能力，第一写作，第二演讲。"在律师界，一个显而易见的事实是，律师大咖都善于写作与演讲，如蒋勇律师，一场演讲能够引爆全场，"每周蒋讲"也是字字珠玑。而非知名律师虽然不能做到登高振臂、一呼百应，但给同行、客户做个讲座，写一篇法律分析文章，却是专业化表达的一个方面，是树立专业形象和影响力的绝佳途径。

只要战略得当，人生的每一步，都绝不会是没有意义的。如果一定要给这篇文章做个总结，我会说："从今天起，记住你是专业律师！"

律师如何打造个人品牌

互联网时代，大家都意识到通过新媒体打造个人品牌的重要性，但是成功者寥寥无几，原因在于几个方面：法律小众化、需求低频化、流量碎片化，以致花了大力气，没有吸引到客户，或是吸引到的客户并不是自己想要的客户。

由于专业门槛高以及职业规范的要求，律师个人品牌基本是通过市场口碑积累产生，无法通过砸广告方式产生“立竿见影”的效果。但打造个人品牌并非没有意义，品牌战略是律师职业战略的一部分，这个过程本身可以帮助律师更为有效地获取案源、提升水准、管理客户，更为重要的是，建立品牌可以使律师更有“价值”。但是，如果不想清楚自己的商业模式（即通过什么途径获客和盈利）是什么，打造个人品牌注定是“不可能实现的任务”。

一、打造个人品牌的本质是与特定群体建立“客户信任”

转行做律师以后，我发现一个奇怪的现象。律所很少有主动上门咨询的客户，即使有人上门咨询，律师接待的积极性也不是很高。请教了其他律师才知道，这种“盲选”的成功率很低，法律服务是“完全私人订制性质的产品”，特别是诉讼，如果没有推荐人（相当于背书和担保），客户与律师间建立双向信任的成本很高。因此，国内法律服务市场，特别是高端诉讼业务领域，很难想象没有中间人举荐，律师通过网络就能获取客户信任，所以目前的互联网法律平台能够提供的一般都是“事多钱少”的案源。

因此，打造个人品牌，实际就是降低获客的成本，提高客单价值。但是，不同类型的法律服务，不同类型的客户，匹配不同类型的律师，就会产生类似婚恋市场的 A 女和 D 男的错配问题。律师与客户如何知道对方是否适合自己，并把风险控制在彼此可接受的范围内？

有句俗语可供借鉴：弱水三千，只取一瓢饮。律师要降低客户选择的难度，就必须明确定位，我是谁？我愿意服务哪种类型的客户？我的能力、资源、经验、团队、背景能满足哪部分客户的需求？我能够投入的成本和承担风险的边界在哪里？后三者的交集区域将决定律师可以服务的客户群体。

比如说蒋勇律师从最高院离职后，根据自身背景条件，锁定在最高人民法院以及高级人民法院有二审、再审需要的高端客户，成了专做高端民商事诉讼的律师，其所创立的"天同律师事务所"，也成为该领域内的精品所。

二、打造个人品牌的前提是合理的定位

大家都觉得定位是件很难的事。不要说律师，就是跨国企业在发展中也会迷失方向，原因是进入工业社会后，人类进入了科技加速发展的时代，每个行业都在经历颠覆，比如说"柯达"相机被数码相机打垮，数码相机又被拍照手机所替代，农业社会的"一招鲜"在互联网时代已然失灵。

但是，对于非标准化的服务，比如说律师服务，仍然要坚持农业时代的精神，即"工匠精神"。截至目前，律师服务特别是诉讼代理仍然是"手工活"，属于"私人订制"范畴。至于人工智能，我们要了解、关注其变化，但是要谈颠覆性的改变，还为时尚早。

因此，对于律师而言，定位问题就简化了，即怎么把自己的"手工活"打上独特的印记，并跟其他律师区别开来。

推荐三个方法："做自己""标签化""差异化"。

"做自己"，就是想清楚自己想要成为什么样的律师。"龙生九子，各有不同"，每个人都有自己独特的背景、资源、能力、格局，同样做律师，有人"青灯古佛"，有人"夜夜笙歌"，有人"长袖善舞"，而无论是专业型、市场型还是管理型的律师，都能找到自己的位置。有人说，我身处三四线城市，我"身不由己"，既要"青灯古佛"，又要"夜夜笙歌"，还要"长袖善舞"，怎么办？答案是：放弃短期利益，

找志同道合者合作。

“标签化”，就是把自己与特定的服务价值联系起来。标签，不是随随便便给自己贴一个记忆符号，而是以研究客户需求、满足客户需求为前提的。比如做股权治理，首先要问，目标客户是谁？哪里可以找到？他们的痛点问题是什么？他们为什么找我？只有以客户为导向，才能找到自己的核心价值，找到适合自己的标签。

“差异化”，就是找到与别的律师不同的市场切入点。方式一：开拓新的法律服务领域。如杭州一家以网络法为业务定位的垦丁律所，针对互联网企业的需求，打造网络合规、数据保护、法律研究的服务产品，形成市场差异化。方式二：深度细分法律服务，如上文所述的“天同模式”，就是专注于二审、再审诉讼领域，形成市场差异化。方式三：延伸服务，如将诉讼延伸到非诉讼领域，由提供刑事诉讼服务延伸到向企业家提供刑事风险防范的非诉服务等。

三、打造个人品牌的基础是极致的专业化

极致的专业化如何体现？

第一，必须专注于某个细分市场。律师像医生一样，属于高度专业化的职业。如果派心脏专家去妇产科接生，可以想见除非紧急情况，否则效果一定不好；律师也是如此，如果 IPO 律师去处理刑事诉讼，比普通人也高明不到哪里去。但是，以往市场需求的地域化、碎片化，使律师坚守细分领域的难度很大。好在这一问题在不断地改观，经济的发展、互联网技术的应用、市场主体法律意识的增强，使法律需求产生集聚效应。比如说涉资本市场领域，一些二、三线城市的企业有融资需要时，会找一线城市的律师提供法律服务，这种跨区域的竞争会促进专业化的形成。

第二，有一套完整的服务流程和标准。如何把非标准的法律服务标准化，给客户更好的体验，很多律师都在尝试。一个可供借鉴的示例是“新东方”的英语培训，它把一个整体的课程内容拆分为特定的模块（如英语听力、口语、写作等），如此一来，每个模块的精细度提高了，用户体验更好。律师界，如天同所围绕着诉讼流程，设计了“业务秘书—辅庭律师—出庭律师—合伙人”分工体系，业务秘书负责像立案这样的重复性的、没有技术含量的工作；辅庭律师负责案例检索

这样稍微有技术含量的工作，出庭律师负责诉讼策略、组织模拟法庭等，合伙人负责把控整个项目质量，成为一个协作体系，提高了办案质量和效率。

第三，常常超出客户预期。我们团队代理案件，也采用“办案秘书—辅庭律师—主办律师”的架构，将诉讼拆分为诉讼支持、文件审阅、法律研究、法庭辩论、项目管理、策略、战术、谈判、客户披露等环节，由主办律师（也需要出庭）负责项目管理和诉讼策略，搭配辅庭律师和办案秘书。虽然牺牲了一些效率，但是跟客户之间的互动增加了，提升了客户的满意度。

第四，树立标杆性的案例。有标杆性案例不一定成为品牌律师，但品牌律师必须有标杆性案例。比如田文昌律师代理的刘涌黑社会性质案件，陈有西律师代理的李庄案件等。代理知名案件可以帮助律师树立品牌，但是，机会只会垂青有准备的人，1 个标杆性案例背后是成百上千的普通案件的积累。

四、打造个人品牌应力求口碑的高端化

曾经有律师在名片上印上：中华全国律师协会会员，乍一看，挺高大上的，但仔细一想，全国哪个律师不是律师协会会员呢？

这个例子虽然可笑了点，但却反映了一个现实。律师是需要背书的，如果是打造个人品牌，则更需要权威机构的背书。

第一是社会职务，如人大代表、政协委员、民主党派、律师协会职务等。

第二是官方认证，比如说“东方大律师”就是上海市司法局、上海市律师协会评选的上海市杰出律师的代表，第一届 10 名律师中有翟建、段祺华、陶武平、朱树英等上海滩响当当的大律师，之后也都是群英荟萃，很多都成为律师协会的历任会长。

第三是学术头衔，如知名法学院教授、中国法学会会员等。

第四是教育背景，如北大法学博士、访问学者等。

第五是曾任职务，如最高人民法院审判员等。

第六是曾服务的大客户，如服务过世界 500 强、中国 500 强企业的，也是强有力的背书。

头衔，虽然不能反映一切，却是律师在业界耕耘的广度和深度的写照。

五、打造个人品牌应善于精准化运用媒体资源

新媒体，看似拉低了营销的门槛，但其实加剧了信息碎片化。那么，律师应当如何运用媒体资源去帮助树立品牌呢？

第一，不要盲目效仿大律师的套路。比如拍摄电视剧、宣传片等，因为大律师已经在客户中建立了基础认知，即“什么领域的律师”和“能够解决什么问题”，拍摄宣传片是“锦上添花”，强化其品牌。而弱品牌的律师并未建立起“基础认知”，采用此种营销方式空洞而无效果。

第二，善于“借势”。如果律师自己运营网站、微信公众号、微博等新媒体资源，无疑要占用很多的时间。而选择一些知名度较高的网站、法律公众号进行合作，可以达到“双赢”的效果，我就是和“无讼”“智合”“上海律协”等法律公众号合作，持续供给高质量的法律文章，慢慢地积聚了一定的人气。

第三，抓住机遇。律师通过媒体营销，成本不菲。但如果在提供法律服务的过程中有新闻热点的意识，吸引媒体主动跟进，则“事半功倍”。比如 2017 年，我在为阿里巴巴集团进行网络名誉维权时，以“阿里巴巴法律顾问”的名义发表个人微博“舆论异常操作，特向社会公布”，向“网络水军”发出檄文，文章访问量极短时间内即超过 30 万。之后，各大媒体争相报道，连远在加拿大的亲戚看到消息后都打来电话，询问我的近况。可见，律师不乏新闻曝光的机会。如果抓住机遇，则是树立品牌的最好时机。

第四，掌握好尺度。律师营销还要有品位、有原则、有高度，不违反职业规范，不突破一般人的道德底线。否则，轻则人设尽毁，重则遭受执业处罚，得不偿失。

当律师面临同行的竞争和信息技术的挑战时，最好的方法就是建立职业壁垒，成为某一领域内的专家律师。当然，个人品牌建立后，如果能辐射到团队、律所则更佳。否则，我们虽然能记住一个个光辉璀璨的名字，但其中蕴含的商业价值却难以传承。

"五步"与客户进行有效沟通

客户对于律师的重要性不言而喻，他们既是诉讼项目的出资人，亦是重要队友和后援。好的合作模式是，客户始终信赖律师的专业建议，积极予以配合；差的合作模式是，客户不信任律师的专业水平，律师则吐槽客户的"智商"和"人品"，双方一路磕磕绊绊，甚至反目成仇。是否能够与客户进行有效沟通避免"后院起火"，是评判律师专业度的一个重要指标。

那么，有没有基本可循的路径呢？以下"五步"，或许可以助你一臂之力。

一、建立信任感

第一次与客户见面非常重要。心理学上，信任建立的路径是印象→联系→认知→信任。为了给客户留下一个专业印象，我们需要做到以下几点：

1. 做好准备。有句话：在成为大咖之前，先要像大咖一样行事和思考。首先，坚持在律所会议室接待客户，在咖啡厅等非正式场合接待不是不可以，但要等到建立初步信任以后。其次，穿正装，保持庄重。天气再热，穿着也不能过于随意和暴露，服饰是用以区分人群、建立权威的最好道具。最后，对客户和案情做到基本了解，由于法律知识点越来越庞杂，最好事先做功课，了解可能的法律争点以及参考案例，做到心中有数，并预估案件难度和工作量，为出具专业意见和合理报价做好准备。

2. 用好背书。背书是减少信任成本的有力武器。但是，律师不能像商人一样直接做广告，因此应当用其他方式传递对客户有用的信息。比如有的律师将成功案例汇编成册，摆放在会议室里，客户在等待的时间内就可以了解律师的擅长领域和以往业绩，效果不错。有的律师则将重要社会头衔印在名片上，向客户传递“成功律师”的信号。总之，方法很多，律师可以根据自身情况确定合理的方式。

3. 接纳对方。客户不是专业人士，总会犯些错误，如忽略合同重要条款、承诺不应承诺的义务、没有对关键事实进行取证等。律师不能以自身法律意识要求客户，而应当设身处地考虑客户的处境，给出补救的建议而非指责。办法总比困难多，这样才能体现律师的价值。

4. 坦诚相待。律师应当筛选自己的客户，确保把有限的时间用在对的人和事上。对于律师的挑战之一是如何披露案件的风险和机会，“拍胸脯、打包票”固然不对，但过分压低客户的预期也会产生不良的后果，所以对案件的预估应当客观、适度，传递给客户的应是“光明大于黑暗”的预期。当然，如果胜诉可能性很小，应当据实已告，以防陷入泥淖。

二、像专家一样说话

专家，是指对某一领域有专门研究或对某项技能特别精通的人。律师职业是专门处理各式各样庞杂的法律问题，因此成为公认的专家并不容易，但至少可以做到像专家一样“积极主动、有专业自信、有担当”。

积极主动，是指律师处理案件时要有把控力和预见力，主动推动客户和案件往前走，而不是被动等待法院通知或是客户的指令。比如当预见到不正当竞争诉讼存在“审理周期长、损失举证难、侵权赔偿低”的问题时，即设计“诉前禁令”的申请路径（及时制止侵权持续），并对“网络页面被劫持流量予以软件监控”（对流量损失提前进行取证），使诉讼在提起的时候，就处于有利的态势。

有专业自信，是指“有利时不骄，不利时不馁”。其实，专业自信离不开案例的积累，久经沙场，自然胸中有沟壑。

有担当，是指涉及法律重要判断时，能够做出有效决策并影响客户。最典型的就是是否接受调解。法官受案件难度、办案指标和司法政策的影响，有时会对调解非常热衷。而促成调解的路径，就是让各方当事人均感觉有败诉的风险。如果客户询问律师的意见，律师应当给出明确的判断，以免信息不对称仓促调解而导致客户权益的损失。

三、关心客户的利益点

诉讼律师，无一例外都希望“赢”得诉讼，但其实没有一份判决书写着“原告赢”或是“被告赢”，所以“输赢”其实是由客户和律师共同定义的。

为了定义“输赢”，律师必须关心客户的真正利益点。相对而言，企业客户更加关注商业战略，个人客户更加关注经济利益。关注商业战略的，律师代理的重点是审判结果，法院支持什么、不支持什么均会影响企业未来的商业模式，如PE投资中的“对赌条款”，允不允许投资方和目标公司股东乃至目标公司对赌，将影响投资的交易架构设计；关注经济利益的，律师代理的重点是执行。因此，为了执行的便利性，应允许审判中有利方作出适当的让步，律师不能为“多收三五斗”无视执行对于客户成本的增加，使原本简单的问题复杂化。

为了定义“输赢”，律师必须合理引导客户的预期。预期过高，律师压力大，客户难以获得满足感；预期过低，影响客户投入，律师难以发挥战斗力。因此，律师应关注“可实现的目标”，可将诉讼目标定义为“最低目标、稍加努力即可实现的目标、竭尽全力可实现的目标、难以实现但可作为威慑的目标”，在诉讼中随时根据情况变化进行调整，如：法官审判风格、司法政策的变化、对手的强弱、市场竞争态势的变化等。特别是商事诉讼中，“没有永恒的朋友，只有永恒的利益”，更需要审时度势地调整诉讼策略。

四、保持与客户的良好互动

与客户的沟通应贯穿诉讼项目的始终。通过与一些客户特别是大公司法务人员的沟通，我发现客户对于律师的普遍期望是：

第一，反应迅速。客户遇到棘手的法律问题时，往往希望第一时间获得律师的专业帮助。但是，一方面，客户认为简单的问题对律师而言并非简单，现实世界中的法律问题，大多数不是非黑即白，律师需要时间获得充分的信息，然后进行比对后作出判断；另一方面，律师手上有很多的项目，存在轻重缓急的问题，因此“快速判断”对律师而言，就涉及竞争力问题。所谓专家，就是能通过经验总结缩短反应的时间。对于律师而言，应建立工作簿，对于不能马上回复的法律问题，尽量在 24 小时内予以回复。

第二，持续跟踪。一个诉讼项目，在开始时，客户和律师都会保持密切的关注与沟通。但当第一次开庭后，由于案件周转的问题，法院往往不会马上安排第二次开庭。一个良好的习惯是，律师定期要对手中的案件进行梳理，确定每个案件所处的阶段，研究遇见的问题，包括调整诉讼的策略。如对每个案件建立庭审档案，总结开庭的诉辩情况、法官的审判思路指导以及下一步需要进行的工作，以免时间长了遗忘。

第三，及时反馈。这点说起来容易，实则很难。手上案件项目多的时候，每个案件处于不同的阶段，反馈的信息也不一样，这些都需要时间归纳总结。比较令人困惑的是，如果案件长时间处于停滞状态，是否仍需定期反馈信息？答案是肯定的，律师需要主动汇报，以表示对案件的持续跟踪，以免客户产生失联的感觉。另一个令人困惑的问题是，如果客户身在外地，如何持续沟通？我的做法是，至少开庭前面谈一次，然后在开庭前后将庭审纪要等书面报告发送给客户，以满足客户对于了解案件进展信息的需求。

五、重要节点及时沟通

有两个节点的沟通对于律师而言，是需要重点把握的。

第一个是取得成果的节点。有的律师认为，认真对待案件，客户自然会感知。但是，有两个变量会影响客户的感知，一是客户的关注度，如果案件对于客户并非生死攸关，那么持续关注度会随着案件的深入而衰减。二是诉讼的进程，复杂案件普遍持续时间长，不要说客户，就连律师自己也会淡忘当时某个节点的“惊涛骇浪”，如管辖有争议的案件成功立案、庭审中通过机智发问取得关键证据等。沟通的目的是让客户有参与感，能够感知律师的努力和价值。沟通的方式有两种，一种是预先将付费节点和阶段性目标相关联，客户看到账单时自然要考虑律师对案件的付出是否与收取的费用相匹配；另一种是提供庭审报告、PPT、EXCEL 表格等可以直观反映律师工作的可视化文件，让律师的努力“看得见”。

第二个是面临不利的节点。最典型的就是“一审败诉”，这时候，如何向客户解释？解释得好，维持信任，二审再战。解释得不好，失去信任，二审出局。沟通的好坏取决于两个因素：一是诉讼前是否预见到极端的情况并向客户提示风险。如果本在预期之内，客户的脸色也不会过于难看。二是能不能有效复盘，通过对裁判文书的解读，找到一审裁判逻辑的疏漏，并形成二审新的代理方案。诉讼本就存在一定的不确定性，如果始终以专业精神处理案件，使客户认为“找别的律师也不会有更好的结果”，那就是最有效的沟通。

在诉讼项目中，客户与律师的关系更像是同一战壕内的战友关系。除了“确认过眼神”以外，还需要在项目中经历“战火”的考验，有效的沟通才能保证双方走得更远，并笑到最后。

“神一样的合作”还是“猪一样的队友”

——谈外聘律师如何与公司法务进行诉讼协作

前段时间，一位与我合作默契的法务伙伴从企业离职了，问及原因，他说：“法务部在企业里是支持部门，很难找到存在感。看到身边同事越来越年轻，决定趁没有油腻前出去创业。”回想与他相识以及合作的过程，除了为他的勇气喝彩以外，我还深深地理解法务工作的艰辛与无奈。如果说律师是站在光鲜亮丽的舞台上，法务则是永远站在幕布后面，谢幕的掌声未必有，“背锅侠”的机会倒是不缺。

作为总结和回顾，我列举了外部律师与法务良好合作的八个维度，以期与法务同人们交流。

维度一：“气场必须相合”。我曾经在自己的另一篇文章内提出过这个观点，即“律师一定要和客户气场大致相投”，法务代表公司的立场、气质、风格，当然也需“八字相合”。这方面我是有切身体会的。执业之初，我曾经参与过某大型公司的诉讼案件招标。由于该案件标的达数千万元，法律关系又较为复杂，我为这次投标做了精心的准备，从法律分析到诉讼图表，从相关案例检索到法院判案风格，林林总总做了不少书面材料。没想到公司法务副总裁的第一句话，就让我凌乱了：“我很忙，马上要飞去北京。你只要告诉我这个案件搞不搞的定法院？多长时间能搞定？”对此，我心中虽不认同，但还是礼貌地对这位副总裁说：“我只能根据我的专业判断去分析，这个案件有胜诉的可能性。”后面的谈话内容我已经记不清了，当时的感觉是客户一定不会选我作为代理律师，为此我还为自己的“保守”懊恼了几日。现在想来，幸亏当时没有承接此案件，否则真是“此痛绵绵无绝期”，因为两年后偶然一个机会和该公司法务聊起此事，说此案件还未“搞定”，律师三天两头被叫来训斥一顿。同样的，法务如果“遇律师不淑”，也会躺枪。

维度二：“相互信任、相互补台”。外聘律师与公司法务协作，最忌一方“高高在上”，有“大公司病”或“大律师病”。其实，律师转行做法务、法务转行做律师的现象均屡见不鲜。因此，最好的方式是平等相待，法务不要处处以“甲方”自居，律师也不可因认识企业高层而对法务“颐指气使”。虽然由于工作的要求，外聘律师与法务应保持一定“距离”，但是相互间的“善意”是必须的。只要是为了工作，任何分歧都可以拿到桌面上进行探讨，包括包容彼此的失误。曾经有个案子，因为时间较为紧张，我在去法院的路上才发现诉状上载明的被告地址打印错了，如果直接用笔修改，将会影响法律文书的整洁性。当我和L法务联系后，特地绕道去公司重新打印盖章。L并没有抱怨我给他增加了工作量，相反帮我跑前跑后张罗联系，使我顺利地完成了修改，并赶在法院下班之前将起诉材料送进了立案窗口。

维度三：“分工必须明确”。外聘律师和法务团队同时跟进某一案件时，常常碰到分工和负责的问题。我的做法是，如果法务缺乏诉讼经验，一般由我来主导整个诉讼进程。如果法务具有一定的诉讼经验，则由双方协商进行分工。根据案件性质，一般区分法律性问题和专业性问题，前者（包括诉讼程序）由外聘律师负责，专业性问题则由法务团队提供技术支持。比如我曾代理过知名P2P平台“拍拍贷”作为被告的民间借贷纠纷，原告（出借方）以平台未充分履行信息披露义务为由，要求平台对第一被告（借款方）逾期未还的借款本息承担连带偿还义务。为充分了解平台对“借款标”的信息披露和风险告知过程，我亲自跑到企业，请法务现场演示从用户注册到投标的全过程，并请公证处对整个过程进行公证，有力证明了平台对信息披露和风险提示是完整而到位的，最终法院经审理驳回了出借方的诉讼请求。该案件审结后不久，最高院颁布司法解释，明确“借贷双方通过网络贷款平台形成借贷关系，网络借款平台的提供者仅提供媒介服务”的，不承担相应的担保责任。

维度四：“沟通必须通畅”。诉讼特别是疑难复杂诉讼往往是一个浩大的系统工程，每个环节都需要攻关克难。这种情形下，顺畅的沟通渠道就成为诉讼中的重要环节。首先，诉讼项目的双方负责人和联系人必须明确，以保证指令下达及接收途径畅通，防止要求不明及相互推诿。其次，沟通方式可以灵活约定，如书面、邮件、电话会议、现场会议等，但重要的信息交互必须通过邮件方式进行固定，并且注明每次邮件的主题及时间，便于之后查找、核对。我的习惯是，“重要的话说三遍”，电话沟通的内容，尽量发邮件归纳、总结和确认。邮件发送后，尽量发短信予以提示，以防对方未及时接收邮件而耽误进程。另外，对于其他项目组成员，尽量抄送或转发邮件，使其持续跟进诉讼进程，不游离于案件之外。

维度五：“难处必须体谅”。虽然法务和律师都是法律从业者，但由于立场不同，其思维方式往往不尽相同，有时甚至是南辕北辙。比如同样是起草法律文书，法务往往要求律师事无巨细、罗列一切对企业有利的事实与观点，而律师则更倾向于从实战角度出发，根据攻防环节逐步展开事实与观点。其实双方都没错，法务要求“过程可控”，因此注重“提没提”，律师看重“结果可控”，因此注重“有没有必要提和在哪个环节提”，这就需要换位思考，因为谁都会碰到“黑天鹅事件”，万一被问责，法务需要对诉讼中非常规的环节作出合理解释。所以，即使律师有自己的考量，也应站在法务的立场上权衡利弊。除此以外，律师应尽可能满足基于公司立场的其他需求。曾经有个企业高管涉及名誉权案件，法务对我说：“这个案子，公司认为是竞争对手故意抹黑，因此请您务必在诉状中写出感情，占领道德制高点。”好吧，虽然我擅长理性思维，但需要时我也有感性的一面。为了找到感觉，我关了灯坐在黑暗中，想象自己就是那位被抹黑的“咆哮”高管，终于写出了一份“富有情感和战斗力”的民事诉状。

维度六：“有明确的诉讼目标和计划表”。诉讼，最忌的就是没有诉讼策略和预案，打到哪儿算哪儿。律师的任务，就是帮助客户制定“诉讼路线图”并避开“雷区”。这个“雷区”，有时是事实问题，有时是法律问题，有时是程序问题，如管辖权。事先制定规划的好处是，律师和法务团队可以相互支持，不至于因暂时的不利丧失对彼此的耐心和信任。比如有一起案件，决定起诉时已近年末，我根据法院受案的特点，建议企业次年 1 月 1 日立案，但法务回复公司希望试一试，后来果然立案颇费周折，由于预计在先，该挫折并未影响双方的士气。

维度七：“费用结算应当合理”。企业聘请律师希望“质优价廉”，律师提供服务则希望“事少钱多”。这问题处理不好，会影响双方的合作。我的做法是，坦诚沟通，尽量把问题放在台面上谈。比如在服务方案中要尽可能合理评估案件难度以及胜诉概率，从发生成本和创造价值两个维度去阐明报价的合理性；法务也要合理评估案件的难度和律师的成本，一味“恶性砍价”，反而损害的是项目本身，因为“低价中标”的律师难以全身心地投入客户的案件。

维度八：“建立长效合作机制”。法务选聘律师最大的难题是：如何在茫茫人海中找到合适的“他”？由于信息的不对称，法务选聘律师总有“雾里看花”的感觉。虽然在这个问题上，我并没有太多的发言权，但我认为，建立长效合作机制是解决这一问题的关键。企业应该未雨绸缪，建立法律服务供应商库或与法律服务平台达成战略合作。在法律部门日益细化和新兴技术日新月异的今天，个人的传统经验早已被分工协作所替代，律师的单打独斗无法满足企业全方位的需求，而且企业需要外聘律师具有良好的响应速度，因此企业更需要发掘具有专业和合作精神的律师团队而非个体。

“是神一样的合作，还是猪一样的队友？”

其实律师和法务都需要与时俱进，摆脱相互埋怨、相互吐槽的习惯性思维，从“共同花钱解决麻烦”到“携手创造企业价值”，提升法务部门在公司中的地位。这才是“神一样的合作”。

律师写作那点事（在“云端讲坛”的演讲稿）

据说“BBC”分析了365个职业，发现律师被人工智能取代的概率是3.5%。可能律师职业需要法律判断、人情练达、想象力、创造力的综合平衡，因此难以被机器取代。但是，我们不能因此高兴得太早，就算我们不被机器取代，律师仍然时刻面临压力、风险、失意、恐惧，还随时担心为越来越优秀的后来者所取代。

那么，文字能力是否能帮助我们提升法律判断、创造力等综合能力呢？答案是肯定的，只要能坚持写作，就能体会到进步。

讲一个我自己的故事。我至今记得第一次参加法院裁判文书的评比，法院邀请了华东政法学院的著名教授做评委，我的一篇民事判决书获得了一等奖。当时专家点评非常鼓舞人心：“从裁判文书可以看出承办法官不是把法律当作职业，而是当作事业从事的。”这件事给我两个启发：**第一，写作可以给职业带来尊荣感；第二，优秀的文章是全世界通行的语言。**

因此，写作的第一个理由：可以提升律师的软实力，增加律师的可识别度。软实力包括律师的外在形象、职业荣誉感、沟通能力、信誉度、人生经验值等非法律指标。在专业度相同的情况下，擅长写作，给同行、客户持续正能量信息的律师往往更容易为别人所知晓并记住。并且，写作是一种零负担、低成本的交友方式，就像手工咖啡的香气，是自然而然的美好与展示。气场相合，自然有缘，不会因等级不够，而产生攀附他人的困扰。

写作的第二个理由：进行思维训练的有效方式。一篇好的法律文章，必然是逻辑与情感、理论与实践的完美结合。哪怕是最简单的“三段论”：提出问题，分析问题，解决问题，也会帮助你梳理“碎片化的知识”，使之体系化。而且，写作是一种非常好的思维与技巧的复盘方式，它可以帮助你总结案件办理中的经验教训。使你今后再遇到类似案件时，可以迅速上手，提高胜诉概率。

写作的第三个理由：对抗压力和职业倦怠感。律师作为一种高风险职业，压力是与生俱来、如影随形的。获取案源的压力、建立客户信任的压力、诉辩对抗的压力、案件目标的压力、学习的压力、持续加班导致身心失衡的压力等，无不考验着律师们的抗压能力。很多人因此身心俱疲，转行做了其他职业。但是写作，可以不断释放这种压力和倦怠感。文章，如同一个个里程碑，不断给自己激励和肯定，让自己在前行的路上不至于过分孤单。

那么，律师应当如何开始和坚持写作呢？我的体会是：

第一，写作不是件功利的事，一定要厚积薄发，耐得住寂寞。写作需要激情、灵感和时间。从心理学的角度来说，如果所求过于明显，你就失去了过程中的快乐。所以，如果实在是对文字表达没有兴趣，不必强求。那么什么是兴趣呢？就是坐得下来、码字时会偷笑、写完有种“Duang”——热血冲脑的感觉。我曾经半夜三点钟爬起来写文章，因为睡梦中突然来了灵感。代价是，感冒了。写的时候热血沸腾，居然一点都没意识到更深露重。

第二，写作不能漫无目的，一定要和律师专业、市场结合。因为律师毕竟不是以写作为生，我们得把更多的时间放在为客户服务以及琢磨案件上。在开始写作之前，一定要问自己三个问题：为什么写？写给谁看？对别人有什么用？宏观上说，律师写文章有三个作用：1. 传递信息，即告诉目标人群，我是谁、我的过往经历是什么、我可以提供哪些类型的法律服务。2. 建立品牌，告诉大家，我与别人的区别是什么、我擅长哪个领域、我有没有相关理论实践去证明自己擅长某类事务。3. 积累人脉，人脉不是指你认识多少人，而是你可以帮助多少人。互联网时代，是分享、共享的时代，律师写文章最大的作用是让别人“知道你、认可你、传播你”。

第三，具体到微观层面，我的写作原则是：1. 写作题材“有用、有关、有趣”；2. 写作态度真诚；3. 写作内容真实。

关于写作题材。首先，选择题材的时候，要尽可能选择共性问题，并贴近社会热点。比如，对于法律人来说，新法或新的司法解释出台，就会形成一定的热点，如果能结合实务，谈谈对新条文规范的理解和适用，那无疑会吸引“眼球”。

比如说新民诉法中规定的行为保全制度，人民法院可以根据当事人的申请作出“假处分”，即责令被申请人作出一定行为或禁止被申请人作出一定行为。当时，我们团队正好代理淘宝、天猫网提起的关于“流量劫持”的不正当竞争案。基于以往类似案件“诉讼周期长、侵权认定难、赔偿数额低”的不利情形，委托人提出要在上海率先探索“诉前禁令”的运用。后来我们团队攻坚克难，成功申请到全国首例不正当竞争领域内的“诉前禁令”（该案被评为2015年中国十大最具研究价值的知识产权裁判案例），浦东法院裁定禁止提供“网络帮购服务”的被申请人利用插件插标到淘宝、天猫网页面上的行为。诉前禁令的效果非常好，诉讼中对方就被迫停止了这个“帮购”产品的运营，避免了委托方平台流量的巨大损失。事后我就此次申请“诉前禁令”的心得写了一篇文章。由于这是该领域“诉前禁令”的首次运用，具有一定的示范作用，那篇文章所传递的信息无疑对读者是非常“有用”的。

其次，律师文章可以是专业文章，也可以是时事评论，也可以是执业心语，但一定要“由己及彼”，和读者发生联系、产生共鸣。比如我刚转行做律师的时候，就写了辞职三部曲《向左走，向右走》《法官的世界》《律师的苦累与取舍》，由于文章分享了法官转行做律师的心路历程，在法律圈点击阅读量很高，以至很多律师找到我交流心得，说以前总觉得法官高高在上，很难沟通。看了我的文章后，觉得做法官也有很多现实难处，今后执业中要学会换位思考，才能更好地说服法官。这就是在“执业理念”上找到了共同的话题。

至于有趣。举个例子，前段时间，我写了一篇文章叫《做到这六点的诉讼律师，将会得到法官认可》。这篇文章是“智合网”约稿，因为同类型文章很多，我就决定把它写得有趣点。写到律师的敬业精神时，我穿插了一个笑话：“律师酩酊大醉，老婆束手无策。有同事支招，你只要说客户来了，准醒。老婆依计行事，律师果然猛地蹦起，说，哪里？”我相信很多律师看到这里都会会心一笑，法律人最大的快乐就是“苦中作乐”，这是作者对读者的“高级按摩”方式。后来这篇文章被作为头条文章刊出，阅读量也突破10000。

关于写作态度。我的体会是，律师写作不能居高临下，而是要像对老朋友聊天一样娓娓道来，给人以亲切感。律师要避免把文章写得晦涩难懂，最好是提纲挈领，通过讲故事的方式来说道理。网络碎片化阅读时代，内容再好，也怕“巷子太深”。

关于写作内容。我的体会是，真实而细腻的东西才能真正打动读者。我的一篇文章《律师的幸福》获得了上海律协征文的“二等奖”。原因之一就是真实，这里面好多都是我办案的细节，比如说有个客户打了5年房产官司，换了几拨律师。委托我们团队后，每天都要到律所来转一圈，跟我们一起喝茶、吃晚饭、聊案子，实际是监督我们办案。后来开庭前说不来了，说看到快餐就想吐，其实是被我们的认真打动了，放心了。这样写，读者会有画面感，仿佛身临其境。

但真实，并不意味着可以随心所欲。

有几个禁忌还是要遵守的。第一，不要去触碰政治红线，也不要过度地传递社会的负面信息；第二，不能泄露客户隐私、商业秘密等敏感信息，也不能借案件进行商业炒作；第三，不能进行人身攻击，包括隐性地伤害别人自尊。

所以，“文如其人”。写文章，归根结底反映的是你的思想、你的生活、你的喜好以及你的努力。只有厚重的积淀，才能成就好的文章。在“下笔如有神”之前，唯有不断地坚持，知行合一、聚沙成塔。

如何克服“演讲恐惧症”

不得不承认，“造物主”对每个人都是公平的，它给你一些，就会拿走一些。做法官的时候，我喜欢沉浸在逻辑推理与文字表达的世界里，追求“判决之外，法律无言”的境界。因此，发表公众演讲，对我来说，从来都是件头疼甚至本能回避的事情。

但是，作为律师却是无权回避演讲的。我是如何克服“演讲恐惧症”的呢？今天和大家聊一聊这个话题。

一、演讲是一个关于自我成长的故事

成为律师后的第一次演讲，是在所内做一次关于“新民诉法”的讲座。讲完以后，我觉得就像跑了 5000 米，筋疲力尽，几乎虚脱。效果是，满场的听众走了一大半。同事给我的首秀评价是：不能将您的演讲和您的文字联系在一起，简直是判若两人。

然而，三年以后，当我应邀在整个瀛和律师机构发表“维度打击——关于阿里案件的深度思考”的主旨演讲时，却获得了在场的三十多位全国各地的律所主任的一致认可。

就励志程度而言，我觉得这次演讲完全可以致敬《国王的演讲》（我一直将英王乔治六世视为同道中人）。

就成长角度而言，这次演讲也回答了我为什么要走出舒适区，为什么要转换职业赛道，为什么要挑战自我。因为，相比律师职业，法官职业还是处在一定的“舒适区”。如果希望突破自我（包括战胜“演讲恐惧症”），投身“不得不面对的恐惧”才是战胜恐惧的法门，没有其他捷径，这是一条颠扑不破的真理。

三年中，我没有逃避任何公众演讲（虽然内心有很大压力）的机会，甚至包括有一次应安徽律协邀请在大剧院面对近 2000 名律师进行演讲，虽然当时“恐惧到无法呼吸”，但好歹挺过来了。从此，再碰到类似场景，就以这次经历鼓励自己：“这么大的场面都撑过来了，还怕吗？”

二、演讲是一个关于策略与技巧的活动

演讲顾名思义，首先是“演”，其次才是“讲”。而舞台表现好的话，就离不开背景、语言、表情、动作、道具等设计。这方面我最推崇的是乔布斯，我从关于乔布斯的传记中发现，原来他每一次演讲前都进行精心的设计和反复的准备，无论是大的框架，还是小到一个语句表达、一次走位，都无不当作“产品”去打磨，以达到完美的效果。

反之，“演讲恐惧症”就是“演也演不好，讲也讲不好”。

第一，“演讲恐惧症”三分之一来源于准备的不足。比如说，安徽演讲时，我虽然事先做了 PPT，但由于场地大，坐在中、后排的听众其实是看不清 PPT 的内容的，完全要靠口述讲清楚每一个案例。试讲的时候，由于案例的复杂性，我讲得很费力，听众也听得云里雾里。后来我把案例都改编成故事，讲述的生动性大大提高。既省力，听众也方便理解。因此，演讲者首先要搞清楚受众、场地、播放设备这些背景要素，否则，极易产生“鸡同鸭讲”，吃力却不讨好的效果。

比如受众是律师和受众是客户，关于专业词汇的表达方式就不同，前者要力求严谨，后者则要寻求浅白。

第二，“演讲恐惧症”三分之一来源于担心“忘词”。以前我准备一次演讲至少要两个星期时间。第一个星期写稿、改稿，定稿，第二个星期背稿。随着年龄的增长，背稿花费的时间越来越长，临场忘词的概率越来越大，以致每次演讲都是“战战兢兢，如临深渊”。而且我发现，写稿方式有一个致命的弱点，即使写的时候感觉已经非常口语化了，但是离真正的口语化表达还是有很远的距离。因此，大脑临场时容易短路而忘词。直到有一次，我忍无可忍，扔掉书面稿，决定先写

提纲和关键词，再根据提纲和关键词制作 PPT，这样，演讲前只要熟悉 PPT 的逻辑顺序即可，PPT 上的画面和文字起到刺激、提示的作用。反复练习的话，一看到某个画面，就会条件反射般记起需要表达的内容。

第三，“演讲恐惧症”另三分之一来源于缺乏结构性思维。良好的思维是有结构的，有结构就显得清晰、有逻辑，没有结构就显得混乱、逻辑不清。最典型的结构是“金字塔结构”，即“结论（论点）+ 三点理由（阐述）”。有人说，如果我论点下面不止讲三点怎么办？如何记忆和表达？在这里推荐另一位前法官陈特写的一篇《五步法——如何准备一场精彩的演讲》，其中谈到一个好的方法就是“搭框架”，比如要准备题为“律师的十大好习惯”的演讲，可以把“好习惯”按“初级阶段”“中级阶段”“高级阶段”分成三组，步步递进，最后再加上一个小结，最终形成这样的表达结构：“初级阶段：穿正装、带名片、守时间；中级阶段：记事本、执行力、查邮件；高级阶段：有韧性、莫纠结、勤复盘；特殊好习惯：做公益。”其实，我理解的“搭框架”其实就是法官审判中归纳争议焦点的方法，即结构性思维 + 分解问题。

至于有了结构，如何填充内容？最好的办法就是“讲故事”，讲自己亲历的、熟悉的、印象深刻的、带有情感共鸣的故事。比如我有一次在上海财经大学法学院上“法律思维”课时，被问及：“法官为什么会从法院离职？是不是混不下去了？”我就讲了一个故事：“这个同学问了一个非常好的问题。法官是因为混不下去而离职的吗？有，但绝大部分不是，而且刚好相反。就拿我自己来说，在离职前，我连续获得上海法院办案标兵、优秀审判长、优秀青年人才等荣誉称号，可以说是达到了法官职业的巅峰。但人生应该有权利追求不同的体验，不能躺在功劳簿上不思进取。我至今记得我从法院离开的那一天，跑了很多的部门，归还了所借的物品，但唯独带走了十大本装订成册的裁判文书，这是我过往的人生的凭证、我的荣耀以及我最大的财富。我知道，虽然我无法向客户展示，但它已经转化成我独特的气场，体现到我的每一个行动中。”

这样的故事性表述不但帮我回应了尖锐的问题，还为我赢得了掌声。因此，“讲故事”是克服“演讲恐惧症”的另一大利器。

三、演讲是一个关于体力与激情的活动

我是一个喜欢思考的人。喜欢思考的人有个通病，就是体力不太好。也许是讲话太消耗能量、思考却可以获得能量的缘故，久而久之，思考变成了爱好，演讲却变成了“恐惧”，因体力不够而导致大脑不能进入兴奋状态。

由此，我找到了克服“演讲恐惧症”的另一种方法，就是锻炼身体，让大脑适应高强度的输出方式。自从我开始跑步、游泳以后，我觉得身体渐渐爱上那种在讲坛上激情四射的感觉，内心对演讲也没有那么抵触了。与自律相比，兴趣才是最持久的动力来源。

当然，再好的体力，也不能支撑你一个人干巴巴地、自说自话地讲几个小时。有研究表明，不但演讲者的大脑容易疲惫，就连听众的大脑也会神游。一刻钟左右，大脑就会“哈欠连天”。有经验的演讲者会设计一些互动环节。当然互动的方式要取决于场地和人数，场地小、人数少的，可以设计一些互动问题，选择听众讨论、回答问题。场地大、百人甚至千人以上的，就不太容易控制，尽量不要设计互动问题，而可以设计一些“段子”“包袱”，让大家笑一笑，缓解一下信息疲劳。

善于利用 PPT 也是另一个缓解讲台疲劳的好方法。隔一段时间，可以插入一张图片或一段视频，让你的演讲激情四射。通常，围绕图片应该讲一个故事，这个故事应当是与主题有关，并能够引起听众情感共鸣的。比如我听过有关消防安全的讲座，一张高楼失火的照片、一张汽车自燃的照片，一段遇难者逃生无门的悲惨故事，通常会立即引起听众的共鸣，并引起思考。关键时刻，缺失了一个防毒面具或是一个车用灭火器，会给自己或家庭带来多大的灾难啊！结果就是，不需要讲者多提示，大家纷纷解囊，购买消防器材。

通常，对于一场成功的演讲，视觉记忆要比语言记忆持久得多。大家也许会遗忘你演讲的内容，但会记住你以图片形式表达出的思想、观点。

总结一下，克服“演讲恐惧症”的三种方法：直面恐惧以增加演讲自信、锻炼身体以增强能量输出、学习演讲技巧以充分进行准备。当然，别忘了，作为律师演讲，还要体现你的法学专业度，这才是成功演讲的基石。

第四章

执业拓展——传统与前沿

如果说互联网科技将大幅改变我们的经济和社会，却独漏法律产业，未免太说不过去了。

——理查德·萨斯坎德《法律人的明天会怎样？》

——你必须拼尽全力，才能看起来毫不费力

如何确定和拓展执业领域

律师是如何确定执业领域的？律师又是如何拓展执业领域的？我在之前的一篇文章里说过，律师更像是“逐水草而居的游牧民族”，市场热点在哪，大家就会蜂拥而至。然而，过分追逐市场热点也会带来碎片化的恶果，容易陷入“吃了上顿没下顿”的窘境，或者是当你挤入市场时，狂欢已经结束，只剩下满地的残羹冷炙。

一、关于确定执业领域的原则

正如所有的商业模式都是行业 + 市场 + 资源 + 能力的匹配，律师在确定执业领域时，也必须考虑这 4 个方面的最优组合。

1. 行业。行业发展的趋势是什么？是朝阳行业还是夕阳行业？产业链是什么？有哪些主体和交易环节？会产生哪些法律问题？能否支撑区域内律师的相互竞争？比如房地产行业，经过近 30 年的迅猛发展，属于传统支柱性行业，交易环节众多，法律服务同质化比较严重，竞争较为激烈。

2. 市场。市场按照交易主体划分，可以分为生产、供应、销售、转售、消费、服务等细分市场，如同样做房地产行业法律服务，针对的细分市场不同，目标客户和服务内容就不同。

3. 资源。个人执业还是团队化运作？能否有效获取案源？能否有效处理案件？能否有效推广？即相应的人力、信息、渠道等生产资料要素的拥有程度决定律师执业领域的广度和深度。

4. 能力。市场能力、专业能力、管理能力决定律师是否能把市场和资源进行有效配置，从而有效地把资源转化为生产力。

以我为例。刚开始执业的时候，我的执业领域是房地产行业相关的争议解决，因为离职前在法院长期从事房地产审判，熟悉房地产纠纷的裁判尺度，亲朋好友推荐的也都是房地产的确权、买卖、租赁、拆迁、继承等案件，因此选择房地产领域可谓天然的选择。

如果是新入行的律师，则应广泛涉猎，在积累资源和能力的过程中，与行业和市场结合，找寻适合自己的发展方向。

二、执业领域应不断拓展，但“跨界而不离界”

与法官不同的是，律师在某个领域内仅具备专业能力是远远不够的，既然律师提供的是市场化的服务，就得遵循市场规则。

市场规则包括准入规则、竞争规则和交易规则。有些法律服务领域你进不了，如政府法律顾问有准入门槛、大公司有律师入库要求；有些领域竞争过于激烈，别人入行比你早、资源比你丰富、成本比你低，如金融诉讼领域；至于交易规则，强调的是匹配，有些案件虽然发生频率高，但性价比低。有些案件虽然标的大，但对资源和能力要求高，故律师执业“二八现象”明显。

既然律师执业所需要的行业、市场、资源、能力都是变量，那律师执业就不能局限于某个狭窄的点上，必须是一个或多个面，以求“东边不亮西边亮”。但是，执业领域又不能过于宽泛，而丧失其专业性。

因此，律师执业领域应力求多元化，但开发的领域与领域间应保持一定的内在逻辑性。

三、执业领域拓展应提前做好准备，并保持延续性

回顾我这几年走过的路程，我发现我遵循的是一条从传统到前沿的发展路径，本章节中我的每一篇关于业务拓展的心得文章，都是一个个里程碑，清晰地标明了我的职业发展路径。

比如说第一篇《国有房地资产的产权界定》，这篇文章的产生还有一个故事。我刚开始执业的时候，一个现成的客户都没有，就四处打电话给认识的朋友，看看有没有机会。其中，有一个国企的高管，曾经向我咨询过法律问题，因此留了电话。当我早上打电话过去的时候，我听出他呼吸急促，语音痛苦。原来他突发疾病，但是老婆却出差了。我立即赶了过去。事后，他了解到我已经不做法官、转做律师了，就说他们企业有一个非常棘手的遗留房地产争议，已经搁置了六七年，一直想找一个熟悉司法体系又熟悉国企改革脉络的律师，问我想不想试试。我当然毫不犹豫地答应了。

这事还真的在我手上等来了解决的“窗口期”。取得案件突破后，我在他们集团一炮打响。彼时，我刚从原先的律所转到现在的律所执业，也希望有个成功的案例来证明我在律师行业的转型价值。于是，我写了《国有房地资产的产权界定》（之后又在此基础上写了《如何代理涉国企案件》）一文，并在律所内进行了分享，大家都有耳目一新的感觉。

嗣后，我们所的律师找我，说他认识的法务正在找一个房地产方向的诉讼律师，处理涉及仲裁的商业租赁案件。我想，这是一个很好的向仲裁领域拓展的机会。于是，我答应和他一起合作，争取代理机会。

我们凭借对案件充分的准备和深刻的理解，中标了该起仲裁案件。委托方是国际著名的某超市连锁机构。它们的法务非常专业，我们配合得很好。由于对案件的争点和风险的提前预判，尽管仲裁庭认为我方在合同履行中有瑕疵，但最终还是支持了我方的解约请求。

这起案件做完后，结合同期其他案件，我写了《商业租赁中出租方的风险防控和诉讼应对》一文。

之后，根据参加仲裁案件的代理体验，我又写了《律师如何代理仲裁案件》一文。这些文章，既是复盘需要，也是营销策略的一部分。

四、执业拓展要具有前瞻性，并抓住机遇

2013—2015 年，虽然我在房地产领域内拓展得不错。但我始终内心有隐忧，

房地产案件往往与特定历史背景（国家政策、产业变迁、人）密不可分，一个成功的案例很难复制到其他案件中。因此，我希望能够找到第二个领域进行拓展。我选择了互联网领域。原因有三点：1. 兴趣。互联网代表未来的发展方向，技术和商业模式更迭快速，产生很多学术研究和案件代理的空间。2. 优势。在互联网法律领域，我是和年轻律师竞争，有一定的竞争优势。3. 迁移成本。虽然互联网技术和理念是全新的，但纠纷涉及的底层法律关系仍然与合同法、物权法、侵权责任法等密不可分，我在传统民商事争议解决领域内积累的法学功底和实践经验可以帮助我以较小的成本迁移至新兴领域。

为此，我一方面积极了解互联网领域的产业特点，另一方面和创业公司进行合作，积累涉互联网案件的处理经验。而且，在案件协作中，我也注意发掘有互联网案件办理能力的其他青年律师。

2015 年，我等到了一个机遇。说起来这里也有一个故事。一天，我接到一个电话，来电人自称是阿里巴巴法务部的，介绍说上海有个不正当竞争案件想征询我的看法。我都蒙了，因为之前从未和阿里有任何的交集。但阿里正是我想追寻的客户。

就这样，我和阿里连上了线。我惊叹于他们做事的效率，没有过多的繁文缛节，只要确认我符合他们的要求。于是，从 2015 年起接连合作了好几起案件，包括当年发生的“双十一”名誉维权案件。这件案件做完后，我写了《律师如何代理网络侵害企业名誉权案件》一文，总结了这类案件的代理思路。

这篇文章发表后，“拼多多”法务部找过我，“腾讯”法务部也找过我，由于利益冲突的缘故，我没有接手他们的事宜。但由此可见的是，一篇文章的触达力远比我们想象的要强大得多。

五、执业拓展还必须不断积累，提炼升华

要进入一个全新的领域，一两次成功是远远不够的。

我一直在思考两件事，一是如何在互联网领域深挖，二是如何将阿里案件中获取的经验提炼升华。

为此，我将每次复盘的成果都总结成文，如关于淘宝（天猫）诉“帮5买”网的《技术干扰不正当竞争的司法认定》《诉讼代理中的维度策略》以及关于淘宝网络店铺转让案的《律师如何代理二审不利案件》等。

2017年，电商平台的争夺进入白热化的状态。当年“双十一”前后，网络上出现了很多针对阿里的“水军攻击”。由于之前和阿里的紧密合作，以及在名誉维权领域的耕耘，阿里与我达成长期合作意愿，并授权我以“阿里巴巴法律顾问”的名义在网络上发表维权声明。

经过2015—2017年各种互联网案件的洗礼，我终于将阿里案件全面总结，提炼升华。在全瀛和律师机构的主任会议上，我做了《维度打击——关于阿里案件的深度思考》的主旨演讲，后来又将演讲稿整理成文。

之后，我又收获了意外之喜。国内某直播平台的合作公会（经纪公司）找到我，希望我代理其旗下主播的跳槽案件。后来我才知道，2017年正逢部分直播平台的“千播大战”。

我刚接手该案的时候，形势非常严峻。法院纷纷针对“主播跳槽”颁发诉前禁令，禁止主播在诉讼期间至第三方平台直播。而我研究后得出的结论是：诉前禁令并不适合直播这类以人身义务作为履行标的的案件。而且，网络直播是新兴的互联网商业模式，主播跳槽背后是资本、技术、运营等资源向头部平台自然集聚的过程。不同于知识产权领域内的权利，原平台对主播服务的请求权利并不是一种稳定的权利，因此也不适合采取“诉讼禁令”保护。

因此，我撰写了《诉讼禁令中的自由裁量权规制》一文。之后，最高院颁布了关于知识产权领域内行为保全的司法解释，严格规定了“诉讼禁令”的适用审查机制，包括作为禁令保护对象是否具有“权利稳定性”。于是，我代理的很多直播案件有了充分的缓冲空间，并纷纷在2018年通过和解的方式结案。

通过以上历程可以看出，执业领域在一定的时机下是可以实现跃迁的。有人也许会问，为什么你的运气这么好，每次都可以和大公司、大平台建立连接？其实，每个律师在执业过程中或多或少都会碰到机遇。第一次也许是运气，但之后，你必须做好规划，做好充分的准备，才能在下一次机遇来临时，不早不晚，刚好赶到。

如何进行国有房地资产的产权界定

改革开放以来，国有企业经历了多轮改制，包括 1978—1992 年的"放权让利"时期、1993—2003 年的"制度创新"时期、2003—2013 年的"国资监管"时期以及 2013 年至今的"分类改革"时期。在多轮国企改革中，国企往往注重经济行为的有效性而忽视法律行为的合规性，导致或多或少地产生历史遗留问题。

以 A 集团所涉房地权属纠纷为例。B 集团原系 A 集团下属子集团，C、D 企业则原系 B 集团全资子企业。

1996 年，C 企业政策性破产。其名下的某工业房地产（以下简称 C 工业房地产）在破产程序中由 B 集团以安置职工的费用为对价进行受让。B 指定 D 企业承接 C 企业的全部人员、资产，并以房地产的运营收益覆盖人员安置的成本。在 D 企业当年的"资产负债表"上，有该房地资产注入的相应记载。

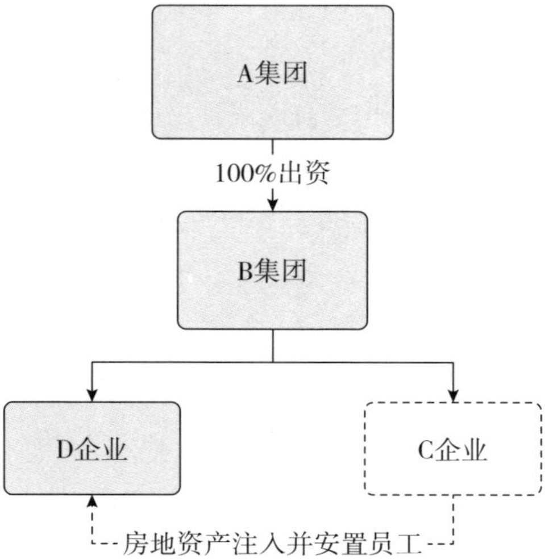

2000 年，B 集团进行改制。A 集团将 B 集团部分经评估的优质资产作为出资，与 E 企业进行合资。改制方案中，未进入重组范围内资产（含 D 企业及上述工业房地产）被剥离至 A 集团。之后，D 企业变更为 A 集团全资子公司。

改制完成后，C 工业房地产产权被登记至 B 集团名下。

2004 年，A 集团、E 企业将 B 集团全部股权转让给其他国企集团。之后，B 集团股东多次变更，但均为国企性质。

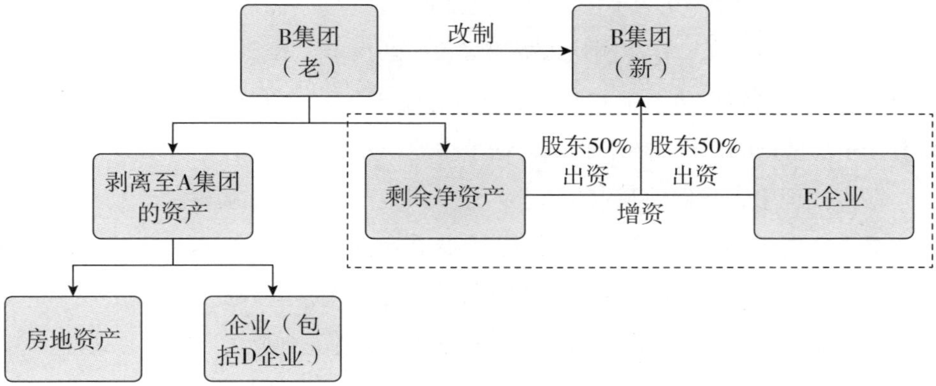

2014 年，最后一手流转中国企集团将 B 集团股权项目在上交所挂牌交易，民营上市公司 F 拟收购 B 集团全部股权。

以上历次股权转让中，股权所对应的资产转让范围中均不含该工业房地产。

本案的争议焦点为：当名义产权人与实际产权人可能存在不一致的情况下，如何确定国有企业名下房地产的产权归属。

法院认为，通常情况下，不动产权属证书是权利人享有不动产物权的证明，但不动产物权证明并非确认不动产归属的唯一依据。根据物权法规定，如果其他权利人或利害关系人对该不动产物权的归属、内容有争议的，仍可请求确认权利。本案中，基于以下三项判断理由，讼争房地产应归 D 企业所有。

第一，2000 年改制中，B 集团部分资产被股东 A 集团剥离，讼争房地产并未进入改制评估资产范围，故改制后的 B 集团企业资产内已不包含讼争房地产。

第二，20 世纪 90 年代后期，上海市部分长期处于资不抵债状态的国有企业根据相关部门的审批，进入了破产清算程序。根据当时相关法律及政策规定，在实施计划内国有企业破产的过程中，破产企业原先划拨取得的国有土地使用权，应首先用于妥善安置破产企业职工。C 就属于当时的计划内国有破产企业，该企业遗留的资产（包含讼争房地产）应首先用于破产企业职工的安置。基于此，B 集团在受让破产企业资产后，将上述资产（包含讼争房地产）以及破产企业职工均交由 D 企业操作经营。多年来，D 企业遵照上级公司的指示，接收破产企业的资产，并对破产企业的职工予以安置。因此，讼争房地产应属 D 企业所有。

第三，D 企业自 1996 年接收破产企业职工及资产后，一直运营该房地资产，以出租收入安置职工，B 集团从未提出异议。2014 年，B 集团股权转让项目在上交所挂牌，交易资产范围中亦不包含讼争房地产。从该两节事实可知，B 集团虽持有讼争房地产的产权凭证，但其对讼争房地产并非归其所有是明知的。

案件代理中，我们的观点是：本案讼争房地产具有双重属性，于物权法上而言，是企业所有的财产；于商法上而言，是企业拥有的资产。因此，对于企业单项资产的所有权判断，必须基于物权法和商事法（包括国有资产管理法规）的双重维度。而对于国有资产定性的历史性和复杂性，更是加剧了判断的复杂性。

根据物权法的基本原理，物权的取得，分为原始取得和继受取得。而继受取得，就包括合同受让。因此，B 集团始终主张其通过购买的方式，自破产企业购买了讼争房地产，并办理了产权登记。B 集团认为，从物权法上而言，其取得讼争房地产完全有法律依据。关于资产剥离，系历史条件下的产物，其完全没有自主权。至于资产交予 D 企业运营，也是历史条件下的产物，该经营系委托经营，而非资产划拨。

B 集团的主张具有一定的混淆性。但是，从物权法的角度，登记效力不可绝对化，登记本身并不创设权利，登记的作用是对外公示和宣告，产生的效果是推定和对抗效力。对内，则应以登记的原因来判断。登记前，B 集团已经将讼争房地资产注入 D 企业，并且 B 集团向 A 集团报送的改制方案中也明确将 D 企业和讼争房地资产剥离至 A 集团，各方对讼争房地资产的权利归属都是明确的。因此，B 集团的房产登记没有相应的依据。另外，从商法角度衡量，为企业经营所必需的、为企业带来现金流的资产往往不是某一单项资产，而是一组资产，就像是“水滴”和“水流”的关系，“水滴”往往不能脱离“水流”而存在，“水滴”的流转也不能脱离“水流”的流转而单独成立。而且，会计意义上“企业”构成的判断往往是“投入（资产）”+“流程（人员）”=“产出”的系统，不能脱离系统而单独认定某项资产的所有权。

回到本案，本案讼争房地产原属于C的资产，物权也登记在C名下。C因历史原因进入政策性破产程序。所谓政策性破产，又称计划内破产，是指特定时期国务院有关部门确定的纳入国家破产兼并计划并享受相应优惠政策的国有企业的破产。该破产与普通企业破产不同，企业的清算资产不是优先满足有担保的债权人（主要是银行债权），而是优先满足安置国企职工的需要。

诚如法院所述，破产企业原先划拨取得的国有土地使用权，应首先用于妥善安置破产企业职工。换句话说，房地资产取得和破产企业职工安置是捆绑的。因此，资产的流转实质不是购买，而是重组兼并。也正因如此，B集团的“资产负债表”上从未出现过破产企业资产的登记。相反，在接收破产企业全部职工后，D企业的“资产负债表”上对房地资产的流入进行了相应的记载。鉴于D企业成立的主要目的就是安置破产企业职工，并以运营房地资产的收入养活企业职工。如果将房地资产单独抽离的话，不但D企业作为企业无法继续运营，而且与当时的破产安置方案相悖。其结果是造成权利与义务的显著失衡，并产生社会不稳定因素。

对此，B集团作为D企业的原上级公司始终是明知的。也基于此，法院最终将讼争房地产判归D企业所有。

本案给我们的启示是，在涉国有企业资产的所有权争议中，要坚持尊重历史、尊重现实、“实质大于形式”的判断标准，从财产法和资产法双重维度去审查，才能得出正确结论，从而避免国有资产长期处于产权不明晰的状态，防止国有资产的流失。这些问题的解决，往往需要一个契机，或者是新政策的出台，或者是新情况（如国企性质改制成民营性质，需要清产核资）的出现，国企内部称之为解决历史遗留问题的“窗口期”。

关于办理涉国企案件的几点感悟

对于A集团和B集团的系列房地产所有权确认纠纷而言，前述D公司和B集团之间的诉讼对抗只是大战的前奏，双方随后围绕B集团2000年改制遗留的诸多房地产问题，在多个法院展开争夺。所幸，双方最终“化干戈为玉帛”，通过商业重组达成全面和解，可以说，就如战争一样，诉讼不是目的，诉讼只是谈判的手段。以下是办理该起案件的几点感悟：

一、诉讼必须为企业战略服务

国有企业是中国社会的巨大财富，也曾是中国社会的巨大包袱。曾经的国有企业，是庞大、僵化、效率低下、缺乏竞争力的代名词。为了释放国有企业的生产力，国家自1978年开始，启动多轮改革。

根据2015年《中共中央、国务院关于深化国有企业改革的指导意见》，国有企业实行“分类”改革，即要区分国企的商业属性和公益属性。商业类国有企业是竞争性国企，以市场化要求实行商业化运作，以实现国有资产保值增值为主要目标。

以A集团为例，A集团处于主业充分竞争的医药领域，属于商业A类竞争性国企，无疑要对历史遗留问题逐步清理，盘活存量资产。因此，律师要根据所服务企业的特征，提出相应的服务方案。

二、等待窗口期

即使对A集团而言，启动存量资产的维权诉讼项目也颇为不易。

首先，该批存量房地产的历史跨度长，涉及主体复杂。由于法律意识的淡薄和档案保管的不规范，很多经济行为都未留下相应的痕迹。

比如前述案件中，B 集团为什么要在该房地资产剥离后，仍将讼争房地产登记至自己名下？（而同期另一幅土地及地上建筑物仍登记在 C 企业名下）。由于证据的缺失，给了 B 集团解释的空间，从而为诉讼解决带来了变数。

其次，国有企业的任期制和追责制限制了企业自身纠错的动力。对于前任留下的问题，很多国企负责人选择不作为。毕竟，“做好了是应该，做错了要担责”，这种负面激励导致的推诿风气在国企中还普遍存在。因此，我们在诉前汇报时，国企总裁反复询问我们胜诉的把握，他的担心不无道理：“目前讼争房地产在我们手中，每年带来约 800 万元出租收益，启动确权诉讼会不会连这个都失去了。”

当时我谈了两点：第一，根据政策性破产的规定，房地资产的处置是和国企员工的安置挂钩的，D 企业安置了破产企业上千名员工，法院不会无视，否则会产生不良的社会影响；第二，原先争议是在国资范围内，无非是央企和地方国企间的利益划分，但始终有协商解决的空间。现在 B 集团全部股权已经在上交所挂牌交易，拟摘牌对象是民营企业，如果错过窗口期，可能产生国有资产流失问题。

因此，无论是项目启动，还是项目推进直至成功，都需要等待窗口期的出现。这个窗口期，有时是政策变化，有时是法规出台，有时甚至是领导更迭、房屋拆迁。毕竟几十年积累下的事，非一朝一夕能够解决。

三、服务方案必须全面细致

我们在做诉讼服务方案时，甚至细到制定法院不受理情况下的应对策略。

就像我在之前的案例里分析的那样，涉国企案件是一类特殊的案件，特别是时间跨度长的，跨越几个改革时期，法院难以判断“水滴”和“水流”的关系，“水流”的流向变化具体是怎么形成的，是正确的“水流”还是错误的“水流”。因此，法院在受理涉国企案件时都异常谨慎，很多案件都以不属于法院主管范围而裁定驳回起诉。

法院担心“背锅”不是多余的，事实上，从国资管理条线来看，国资委也有对国资"清产核资"的功能，只不过这条途径很少能启动，毕竟《国有资产产权界定和产权纠纷处理暂行办法》还是1993年由原国有资产管理局发布的。各级国资委的成立还是2003年以后的事。

因此，我们选择在B集团股权交易的窗口期前后起诉，也是考虑国资与非国资企业发生产权争议，"依司法程序处理"的相关规定。

毕竟，如果无法立案的话，连"门都进不了"，何谈解决？

四、诉讼主张必须反映国企改革的脉络

前述案件中，我们得到了一个"彩蛋"，主审法官有商事审判经历，而且曾处理了大量的上海国资系统的政策性破产案件。但即使如此，我们还是花了大量的时间去解释我们诉讼主张背后的法律逻辑。

可想而知，如果主审法官是年轻法官，连"政策性破产"是什么都不清楚，也许法官依产权登记简单处理也不得而知。

这给代理律师带来一个课题，处理涉国企诉讼案件，必须全面了解国企改革的脉络、阶段和指导方针，还必须了解标的企业所在行业的变迁以及企业自身的变迁，才能正确地了解"水滴"和"水流"的关系，正确地表达诉讼主张背后的法律和事实逻辑，最终向法官说好一个"关于改革的故事"。毕竟，不能完全用现在的法律规定和产权观念去评判当时的行为。

总之，对于诉讼律师而言，涉国企案件虽然是一座"金矿"——改革开放40年以来，国企经历了多轮改革，无论是处于"建立现代企业制度"还是"抓大放小"阶段，无论是处于"放权让利"还是"国资监管"阶段，无不经历改革的阵痛，留下一定的法律模糊地带。但是，如果没有一定的阅历和经验总结，仍然是难以正确理解和代理好涉国企案件的。

商业租赁中出租方的风险防控和诉讼应对

谈起商业地产出租，大家第一反应是出租方处于强势地位。特别是大公司，有着完备的风控体系，用的都是长期积累下的格式文本，似乎只要“复制、粘贴”，就可以轻松应对各类租赁纠纷。但是，笔者在代表某大型国有企业处理诉讼和商事仲裁案件后，却发现作为其代理人并不像想象般轻松，原因在于：

1. 商事租赁涉及法规众多、履行过程较长，本身具有复杂性

首先，商事租赁是持续性商业活动。出租人出租商业地产、承租人承租商业地产受物权法、合同法、土地法、城乡规划法、消防法、工商法规、税务法规等诸多法规的调整和制约，还受到国家产业政策、经济景气指数的影响，因此需要双方持续配合、保持信任，难度不可谓不大，只要有一方诉求变化，就会形成纠纷的导火索。

其次，商事租赁涉及的履行节点多。从前期谈判、签约付定、场地交付、进场装修、消防审核、证照办理、租金支付、管理维修、业态调整到期满搬迁、善后事宜，每个环节都可能涉及争端—协商—解决的过程，因此待到诉讼仲裁时，双方往往是“公说公有理，婆说婆有理”，或多或少都能找到一些支撑自己主张的理由，有时甚至双方都认为自己是受害者，无形中加剧了纠纷解决的难度。

2. 标准化合同不能涵盖租赁过程中的所有情势变化

虽然大型企业的租赁合同文本已经相当完备，但是再完备的合同条款也无法覆盖租赁合同履行中的所有情形，这是朴素的真理。另外，虽然合同文本是法务部门制定的，但负责履行的是业务部门。业务部门受到业绩考核的驱动，往往会在履行过程中对合同条款做变通处理，甚至在合同约定之外迁就承租方提出的要求。

例如，在我们团队做的案例中，就有出租方现场代表在房屋交接时，撇开双方确定的物业交付标准，私下允诺为承租方建造户外消防梯。之后，承租方关于二次装修的消防设计报审始终不能通过，遂以我方建造义务在先、物业不符合交付条件为由拒付租金，我方被迫依据合同条款书面通知对方解除合同。

此案处理中，该允诺是否构成补充协议成为定案的关键。我方提出三个观点：（1）现场代表越权允诺，承租方明知；（2）该允诺不构成对交付标准的变更，而是对未来拟协商事项的补充；（3）即使建造消防梯成为我方义务，鉴于消防设施建造前承租方有前置报批义务，故未建设的责任也不在我方。

经过激烈的庭审交锋，仲裁庭最终支持我方解除合同的请求，但是亦认为我方在合同履行过程中也有一定的过错，原因即在于出租方员工的私下允诺已经使承租方产生一定的合理信赖。

3. 业务部门与法务部门并非无缝衔接。在业务部门与法务部门的关系中，业务部门一般被设定为“价值创造者”，法务部门则被设定为“麻烦解决者”。因此，在大麻烦没有出现前，往往都是业务部门在跟进。业务部门是“天然的乐观主义者”，总认为任何事情都可以协商，因此，在处理事务中很难谨言慎行，也不会去保留相应的交涉痕迹。考虑到商业租赁的履行过程复杂，一般从争议产生到关系破裂，会经历一个相当长的过程。因此，如果法务部门仅仅在前端合同审核、后端争议解决时介入，会在“履行过程”这一段留下不少事实空白点。

举个例子，有个租赁纠纷开庭时，承租人突然提交一段视频，指责我方没有按约交付场地，视频中是我方工作人员关闭电闸后场地漆黑一片，对方提出强烈抗议的画面。幸好在诉讼准备时，我们已经了解到对方有恶意取证行为，遂立即指出对方违约在先的事实，从而避免了法官产生错误理解的风险。

那么，针对上述商事租赁纠纷的难点，出租方应当如何进行风险防控，才能在诉讼或仲裁中立于有利的地位呢？根据笔者多年处理商事租赁纠纷的经验，出租方应尽可能做到以下几点：

1. 对既往发生的纠纷进行梳理，找出类型化的风险点

笔者看过很多公司的标准化租赁合同，洋洋洒洒几十条甚至上百条合同条款，有的还附有若干补充条款，似乎不把对方绕晕誓不罢休，但往往“挂万漏一”，到

诉讼或仲裁时就是找不到直接可以援引的条款。

比如说最简单的通知条款，很多租赁合同没有约定书面送达的有效地址，有的租赁合同即使约定书面送达地址，也没有约定指定接收人，还是会给对方以可乘之机。其实，在互联网时代，最好的方式还是既约定书面送达地址，又约定邮件送达地址，同时指定接收人，如此可以最大限度地避免对方以未接到通知为由推卸相应的合同义务。

另外，每个公司有每个公司的业务特点，这就决定了有些法律风险会反复地发生。例如有家超市连锁企业，出租的场地面积一般都很大，承租方招商、装修的周期长，因此，几起诉讼案件承租方都以场地未实际交付或者场地未按约交付作为抗辩理由。诉讼完毕后，我建议该公司对“租赁物交付”一节进行类型化研究，包括租赁物交付的概念描述、交付的程序、交付的标准、交付的标志，特别是针对“现状交付”，一定要明确“现状”的具体状况，最好是拍照后由双方签字盖章确认，以便日后通过承租方增设设施、堆放物品等行为来证明承租方实际控制场地的事实。

又如国企作为出租人的租赁纠纷，往往存在到期后承租方清退难的问题。原因是多方面的，一方面国企存量地产由于历史原因大多存在一定的瑕疵，另一方面国企又缺乏对出租行为的精细化管理，约定租金过低或引进的承租人资质较差，导致国企希望立即收回租赁物的需求和承租人过高的期望值之间经常会发生冲突。对此类纠纷，除了要加强承租人资质审查之外，进行合理的风险提示也是必要的程序，如明确告知系短期租赁、承租方需谨慎进行装修投入，发生争议时选择仲裁管辖而不是法院管辖等，从而提高承租方违约成本，减少国有企业的维权成本。

2. 强化项目流程管理，加强法务部门与业务部门的协作

笔者在数起案件的准备中，充分感觉到法务工作的重要性。有家企业，每次与其法务经理共同分析案情、收集证据时，大家都戏称是在做“拼图游戏”。由于该企业出租物业分散全国各地，不可能每次均到现场查看、访谈经办人，故均由我根据初步案情提出调查提纲，由法务沟通业务部门予以落实。

此时，流程管理和部门协作的重要性就显现出来。如果每一步履行、每一封

函件、每一次协商都留有相应的痕迹的话，很容易就绘制出整个纠纷的大事件脉络图，了解纠纷起因、发展和矛盾激化过程，分析出其中蕴含的有利点和风险点。遗憾的是，每次总有缺失的部分，不是经办人说不清楚细节，就是缺少某份重要的书面材料或邮件往来记录，以致某些部分要发挥想象力去填补，或者始终担着心，直到庭审时得知对方全部诉讼"底牌"时方才放下心。

为此，我向该企业建议，与其发生纠纷后访谈调查，不如做好平时的项目管理。可以采取 OA 等办公系统，进行流程节点管理，凡是使用公章的环节（如签订合同、发催告函、往来函件），都需要进行电子化审批，并保留原件或复制件（附邮寄凭证）归档。鼓励业务部门将平时往来邮件抄送（或密送）法务备案。为防止业务部门私下允诺，可以在租赁合同后附告知书，告知"凡是加重出租人义务或减轻承租人责任的合同变更均需得到出租人书面确认方为有效"，并由承租人签字确认。

3. 加强与外部律师的协作，增强法务的诉讼意识

如果把法务部门比作企业的"国土安全部"，那外部律师就是强悍的"雇佣军"。法务的优势在于了解企业的商业模式和行业特点，是"自己人"，便于与业务部门沟通，缺点在于缺乏"战争经验"，难以应对复杂诉讼。外部律师，特别是专业诉讼律师的优势是，长期摸爬滚打所培养出的一种预见力、想象力和风险防范意识结合而成的判断能力。

例如笔者有一次去警署调取材料，附近没有专业停车场，只能停到附近的一个老旧居民小区，而门口保安要求车钥匙交至其处方允许停车。由于该保安面目不善，笔者颇为踌躇。但环顾四周，发现对面马路有一监控探头直对小区大门，笔者遂放心将车钥匙交给该保安停车。

相反笔者代理的诉讼中，也发现有些企业由于法务更迭频繁，以致年轻法务对法律事务缺乏必要的警惕性。例如有个租赁合同签约时，出租方要求承租方法定代表人对公司可能发生的欠租等履行债务提供连带担保。由于法务经验不足，未要求该法定代表人当面签字，结果涉诉时，该法定代表人果然以本人未签字为由否认提供担保。经笔迹鉴定后发现（文本上）签名确非其本人所签。幸亏，有证据证明该法定代表人"应当知晓该合同签订而未作否认表示"，代理人才有机

会说服法官，未让该法定代表人逃脱法律责任。

因此，企业法务最好是从有诉讼执业经验的律师中招录。如果是一毕业即进入公司，公司也应该向其提供一定的培训机会，或是提供相应出庭机会，以避免法务犯一些致命的低级错误。

当然，一旦发生诉讼，外部律师的支持也是必不可少的。诉讼律师有没有诉讼经验的最大区别是，对案件走向有无预见力和把控力。很多案件，一旦进入诉讼程序，双方无时无刻不在进行着博弈，小到开庭时间的确定，大到关键证据的采信和排除，无不考验律师的法律功底和应变能力。对于商事租赁而言，由于纠纷形成后往往伴随场地空置或场地占用，如何把握“先行止损”和“权益争取”之间的关系，就成了检验律师代理水平的试金石。

总之，法律是一门精细的社会科学。在商业租赁中，法律逻辑与商业逻辑会发生碰撞，甚至冲突，只有不断从别人或自己的案例中提取精华、吸取教训、进行总结，法务部门才能根据自身企业特点，提炼出一套行之有效的制度和运作模式，在法律的刚性和商业的弹性中找到平衡点，最终实现既定的商业目的。

律师如何代理网络侵害企业名誉权案件

互联网技术的迅猛发展，已经在中国引起了一场革命。谁控制了互联网，谁就占领了经济与道德的高地。移动互联网更是将互联网服务商、经营者、消费者前所未有地连接起来。社交网络的发展，引发了大量的名誉权、隐私权诉讼。社交网络与电子商务的结合，亦引发了大量的侵害企业名誉（商誉）的诉讼。特别是后者，往往给企业带来极大的困扰，甚至导致“蚂蚁掀翻大象”的“黑天鹅”事件。网络侵犯企业名誉案件与传统名誉侵权案件相比，存在着很大的差异，如在制止侵权、证据采集、案件管辖、侵权责任追索等方面，都需要律师改变传统的思维与处理方法。以下笔者结合办理相关案件的经历，浅谈一下此类案件的代理思路：

一、关于制止侵权

网络名誉侵权杀伤力巨大。诋毁个人，可以使被诋毁者一夜之间陷入身败名裂的恐惧中，如所谓中石化女处长的“非洲牛郎门”事件；诋毁企业，可以使企业转眼之间陷入经营困境，甚至濒临破产，如“圣元奶粉性早熟”事件。互联网具有扩散性和聚焦性双重特性，网上信息可以瞬间传递到整个网络空间，并短时间内将公众注意力聚焦到某个事件上，因此互联网经济又被称为“注意力经济”或“眼球经济”。移动互联网的出现更是放大了互联网的上述特性，使网络谣言传播速度更快、传播范围更广、毁伤性更强。

律师代理该类案件，不仅要考虑如何进行侵权诉讼，而且要考虑如何配合企业法务、公关部门即时制止网络负面信息的蔓延。具体方法有以下几个：一是根据发帖内容在海量信息中搜索源头和推波助澜者，重点关注首发网站（自媒体）、转载者中的“大V”、专业媒体、微信公众号、有竞争关系的商业网站等，因为这些对象是网络传播中的重要推手，且负有比普通人更高的注意义务，律师可根据其实名登记认证信息向其发出明确的删帖通知或律师函件。二是对于匿名的“网络水军”，可以通知网络服务商采取屏蔽、删帖等必要的处理措施。网络服务商怠于履行职责的，可向其追责。如《最高人民法院关于审理利用网络侵害人身权益民事纠纷案件适用法律若干问题的规定》（以下简称《网络侵权规定》）颁布后，某男子将北京微梦创科网络技术有限公司（新浪微博的运营商）和深圳市腾讯计算机系统有限公司（微信的运营商）诉至北京市朝阳区法院，要求两被告就上述平台上发布的匿名诽谤帖承担赔礼道歉及赔偿责任，后该案以调解结案。三是快速反应，通过公开刊登律师函、召开新闻发布会或短期内提起侵权赔偿诉讼的方式形成强大的舆论和诉讼压力，有力地遏制谣言的传播。如笔者代理某BAT企业作为原告的名誉侵权案件中，就在网络谣言出现仅一周时间内完成公证取证等诉讼准备工作，并同时在上海两家法院提起诉讼，有力地配合了该企业的危机公关宣传。

另外，自民诉法修订后，原告也可以尝试用申请诉前禁令的方式制止侵权行为的继续，特别是应用到商业诋毁等需要快速制止侵权的案件中。

二、关于证据采集

与传统名誉侵权不同，网络侵权信息具有易删改性和易变性特点，因此证据的采集与固定尤其重要。目前对于网络侵权案件，一般应采取公证方式进行证据保全。保全时应遵循时限性和全面性原则。

具体而言，律师起诉前应采集以下几方面的证据：第一，关于被告主体方面的信息。网络用户一般具有匿名性（目前我国网络实名制尚未全面施行，实名认证的仅为微信公众号、新浪博客等网络用户）。但是，对于匿名侵权，被侵权企业并非无计可施。如确实无法查明侵权主体，原告可根据《网络侵权规定》先行起诉网络服务商，要求其披露涉嫌侵权的网络用户名称、联系方式等，然后再申请追加该网络用户为被告。第二，关于侵权行为的证据。该证据包括发布主体（一般主体还是商业主体）、发布背景及场所（是否用于商业目的）、侵权内容（侵权文章、图片、文字说明）、上传时间、阅读量等要素。需要注意的是，如侵权行为持续、反复发生，应当就该部分内容追加取证。第三，关于侵权后果的证据。基于网络信息的多路径传播性，律师取证时应注意收集侵权内容在主流搜索引擎（平台）上的传播信息，如百度、搜狗、微信平台等，还应随机要求公证人员打开文章标题下的内容，以印证标题与侵权内容是否相符。另外，网友评论也是重点采集内容，甚至需要制作相应的数据图表，因为该证据往往影响侵权的构成与赔偿数额。例如笔者代理某企业诉天津某媒体等的名誉侵权案件中，由于被诉侵权文章是用泛指的方式影射、诋毁企业的商誉，笔者即结合网友评论来达成相关证明目的。第四，关于制止侵权的证据。即及时通知侵权信息发布者、转载者、网络服务商屏蔽、删除侵权信息的证据。根据《网络侵权规定》，一项有效的通知应包含下列信息：通知人的姓名（名称）和联系方式、网址或足以定位侵权内容的信息、通知人要求删除信息的理由。如企业做出有效的通知，而网络服务商拒绝或怠于采取必要的措施的，应当承担相应的侵权责任。第五，关于侵权损失的证据。这部分是律师代理的难点，被侵权企业出于商业竞争的考虑，往往不愿公布具体的经营数据，对此律师可以采集相关间接证据，如权威调查公司出具的市场影响报告、企业许可第三方使用商标等使用费等，以提供给法院作为酌定赔偿数额时的参考依据。

三、关于案件管辖

《网络侵权规定》第二条规定：“利用信息网络侵害人身权益提起的诉讼，由侵权行为地或者被告住所地人民法院管辖。侵权行为实施地包括实施被诉侵权行为的计算机等终端设备所在地，侵权结果发生地包括被侵权人住所地。”

根据上述司法解释的规定，网络侵权案件管辖地明确包括原告住所地和被告住所地，实践中有争议的是如何理解侵权行为地。有人认为，侵权行为实施地应包括被诉侵权行为的网络服务器所在地，而侵权行为结果地亦应包括被诉侵权行为发现地，即用公证方式采集侵权行为证据的计算机终端所在地。

上述思路可以从最高人民法院之前颁布的《最高人民法院关于审理侵害信息网络传播权民事纠纷适用法律若干问题的规定》中找到源头，其中第十五条规定："……侵权行为地包括实施被诉侵权行为的网络服务器、计算机终端等设备所在地。侵权行为地和被告住所地均难以确定或者在境外的，原告发现侵权内容的计算机终端等设备所在地可以视为侵权行为地。"但是，随着云计算技术的发展，互联网企业无须再建立自身的服务器，且分布式服务器成为企业建立服务器的常态，因此从"管辖恒定"及"两便原则"出发，最高院在《网络侵权规定》中取消了将网络服务器所在地作为管辖依据的规定。同理，基于网络信息的即时性、全球传播性，理论上任何地点都可能成为侵权行为发现地，因此，司法实践中法院一般不接受侵权证据保全地作为管辖依据。

应该说，采用"原告住所地"及"被告住所地"作为依据基本能满足网络侵权案件的管辖需要。但是，实践远比理论复杂。在某些案件中，基于网络谣言的巨大传播性和杀伤力，企业特别是知名企业希望选择在北、上、广等影响力大的中立第三地提起诉讼，以求最大限度地消除负面影响。需要注意的是，此类案件中，律师需要有发散性思维，即通过合理选择共同被告（必要的共同侵权诉讼或类似的共同诉讼）以实现中立第三地管辖的合法性。

四、关于侵权的构成

网络名誉侵权与传统名誉侵权的构成相比，既有共性，亦有个性。共性在于，二者都要符合违法行为、过错、损害后果、因果关系等侵权构成要件。个性在于，基于网络的虚拟性、网络主体的复杂性和损害结果的不确定性，网络名誉侵权的构成呈现出自身特点。

关于违法行为，主要定义为对企业名誉进行诽谤和诋毁的行为。所谓诽谤，是指捏造、散布虚假的事实，使公众对于企业的商业信誉等评价降低。诋毁，则是指故意使用贬损的语言和动作对企业的商业信誉等进行侵犯。如"双十一购物狂欢节"后，网上出现了大量针对淘宝、天猫的负面舆论，典型的如《一天收了

912 亿，马云为何吐出 574 亿》《双十一的猫腻：你辛苦抢的那些大牌，竟然这样换成假货》等文章，就涉嫌以虚构事实、使用贬损语言的方式侵犯企业的商誉。

关于过错，包括故意和过失。基于网络主体的复杂性，实践中应采取不同的认定标准。比如网络用户从互联网中获得的利益越大，所负担的注意义务也越大。典型的如北京金山软件公司诉周某名誉侵权案中，法院即认定周某作为某公司的董事长、新浪加"V"的用户，是公众人物，应负有更高的注意义务，其发表的言论又是针对竞争对手，故其不实、不客观的言论构成诋毁。另外，对于网络服务商，法律采取了以是否"应知""及时"作为衡量其义务边界的标准，同时也确立了判断其过错的标准。

关于损害后果和因果联系。英美侵权法确立的标准为"通过侵害事实被第三人知悉的证明，推定名誉损害的客观存在，是一个切实可行而又公允、合理的标准"。基于网络传播的广泛性，应采取上述"公众知悉"即推定"损害事实"存在的标准。但是，考虑到企业名誉作为人格权利，其损害后果既有信用利益的损失，又有财产利益的损失。对于后者，应采取更为严格的证明标准。对于因果联系，笔者认为也应采取两分法，即对于人格利益损害采取推定方式认定因果联系，对于财产损害则采取严格方式认定因果联系。

五、关于民事责任承担

网络名誉侵权案件中，被侵权人可以要求侵权方"停止侵害、消除影响、恢复名誉、赔礼道歉、赔偿损失"。司法中的难点在于经济赔偿数额的确定，即损害结果难以量化。《网络侵权规定》在两方面给出了相应的解决路径，一是财产损害的范围，包括被侵权人为制止侵权行为所支付的调查、取证、律师费等合理费用；二是被侵权人财产损失或侵权人所获利益无法确定的，人民法院可以在 50 万元以下范围内酌定赔偿数额。但司法解释并未给出酌定的具体标准。

笔者认为，律师在为企业争取合理的经济赔偿时应注意以下几点：

1. 厘清企业名誉权与商誉。企业名誉是指公众对企业人格的综合评价，其范围较为广泛，如"富士康是血汗工厂"的评价，而企业商誉是公众对于企业在经营过程中累积的商业信誉和商品信誉的相关评价，企业商誉直接关系企业的市场形象、经济利益和市场份额的多寡。虽然在目前的民法通则及侵权责任法中并未将商誉直接作为民事权利来规定，商誉是涵盖在名誉权中进行保护的，但不可否认的是，商誉是企业生存与发展的重要因素，具有独立的价值，很多法院已经在实践中探索对企业商誉的保护，如北京市海淀区法院在"北京桑普电器有限公司诉北京创先利科技有限公司不正当竞争案"中判定："因虚假广告引起的不正当竞争势必给受害方的商业信誉造成无形资产的损害……判定创先利公司支付一定数额的商誉损失费用，以示惩戒。"

2. 穷尽举证方式。对此，可以遵循先损失、后收益、再法院酌定的举证思路。比如甲公司的商业诋毁使乙公司产品销量下降并致大面积退货。首先，乙公司在诉讼中如能证明销量同比下降及退货数量，则可直接计算出经济损失。其次，如果乙公司不能证明损失大小，则可举证证明甲公司的销量同比增长数乘以每件产品的合理利润（即甲公司所获利益）作为赔偿依据。在举证过程中，可以综合利用民事证据制度中的证据披露、举证妨害、优势证据、专家证人、司法鉴定等手段协助法院查明相关事实。最后，如上述路径均不能达成目标，可请求法院酌情判定赔偿数额。根据相关司法判例，法院酌定时一般会考虑侵权人的主体身份（一般主体还是商主体，是否具有直接或间接的竞争关系）、过错程度（故意或重大过失还是一般过错）、侵权情节（时间长短、造成影响的范围、是否及时停止侵权并采取补救措施等）、侵权人的经济状况以及被侵权人的知名度等因素综合判定，律师在庭审中应围绕上述关键点向法庭进行证明，以争取最大限额的赔偿。

3. 考虑名誉侵权与不正当竞争的竞合。在商业诋毁案件中，竞争主体散布损害竞争对手商誉的虚假事实，既可构成名誉侵权，也可构成不正当竞争。关键在于，双方是否具有直接或潜在的竞争关系。但是，起诉路径的选择并非无足轻重。考虑到法院体系中传统民事法官与商事（知产）法官在审理案件类型、指导思想方面的不同，同等条件下选择以不正当竞争作为诉由更能维护被侵权企业的合法权益。如深圳腾讯公司诉北京奇虎 360 公司不正当竞争纠纷案，广东高院认定被告北京奇虎 360 公司不正当侵权成立，判决其赔偿深圳腾讯公司经济损失人民币 500 万元，最高法院二审维持该判决，即这方面的典型案例。

维度打击——关于阿里案件的深度思考[1]

2015—2017年，我们团队几乎包揽了阿里巴巴集团在上海发起的全部战略性维权战役，具有代表性的是淘宝、天猫诉"帮5买"网关于"流量劫持"的不正当竞争纠纷,2015年以及2017年分别针对不同类型网络名誉侵权案件的维权行动。

今天要讲的是——高端商务诉讼中的维度打击。

第一个问题是：什么是高端商务诉讼?

我认为，有三个标准：第一，与企业战略相关，涉及企业生存、扩张、转型、跨界等战略性行动；第二，反映一定的商业领域内法律前沿问题；第三，对商业社会或行业发展格局具有一定的示范作用。阿里巴巴集团是全球电子商务领域的翘楚，是中国真正的世界级企业之一，我有幸全方位参与其诉讼战役，得以一窥高端商务诉讼的面貌，并引发今天的深度思考。

第二个问题是：什么是诉讼中的维度打击?

第一，"维度打击"这个提法毫无疑问是移植于刘慈欣的著名科幻小说《三体》,《三体》中的"黑暗森林体系""降维打击"等概念刷新了我们对于宇宙法则的认知。

为什么从《三体》中移植诉讼战略思想呢？三点理由：1. 诉讼即和平时期的战争,《三体》的故事背景是地球人和三体人之间的战争，战争策略与诉讼策略具有相通性；2."三体战争"中的策略都是战略性的，符合高端商务诉讼的特征；

互联网时代，商务诉讼呈现立体化的趋势，涵盖法律、商业、技术、媒体等多维度的争夺。比如说360与腾讯之间的"3Q大战"。

---

① 本篇文章系由在瀛和律师机构主任会议上的演讲稿改编而来。

第二，怎么理解诉讼的维度？传统诉讼有三个维度："情、理、法"或者是"法、理、情"。在我们这个以道德、人情为纽带的社会里，占不占理、能否变通，经常能影响法律的应用。典型例子就是，曹操马踏青苗，按律应当斩首，但斟酌情事，最后以割发而代之，体现了"法不外乎人情"的执法原则。

现代法律的维度则有三个，时间、空间及事实。"法不溯及既往"，就是指法律适用于特定的时间；"打官司就是打管辖"，是指法律适用于特定的空间，谓之"法域"；"事实胜于雄辩"，指离开特定的事实，法律适用就是"空中楼阁"。所以，传统诉讼策略中，可以从法、理、情三个维度展开攻防。

而商业诉讼中，商业伦理本身的模糊性和技术的快速迭代性远远超出了一般人生活经验的认知范畴，所以维度被大大拓展了。核心是三个维度：格局、战略和资源。格局是指看问题的高度，如淘宝的商业模式是B2C，淘宝平台代表C（顾客），与B（入驻商家）博弈，但是赚的是B（入驻商家）的钱，因此在维权诉讼中，可以站在消费者权益高度上去主张诉求；战略是指站在全局看诉讼，诉讼是战略支点，如苹果公司频频发起的对"三星"和"HTC"的专利诉讼，就是遏制竞争对手的战略方式；资源，是指诉讼双方不能形成碾压性打击时，比拼的就是对资源的消耗，最终笑到最后的是更强者。

第三，怎么理解"维度打击"？让我们把眼光移向《三体》小说。《三体》中描写了几场经典战役。

1. 两次"水滴之战"。

第一次"水滴之战"，即"末日之战"，地球的星际舰队在三体人的"水滴"面前不堪一击，几乎全军覆没，只有几艘战舰侥幸逃脱。

后来怎么消灭"水滴"的呢？"水滴"是三维空间的无敌神器，但人类利用四维空间碎片进入"水滴"内部，破坏了水滴内部的力场发生装置，从而使水滴变成废铁一块。

给我们的启示是：

强者对弱者：高维打击，利用维度不对称使弱者无反抗能力。弱者对强者：进入高维度，使强者的优势消失。

2. 歌者文明的"二向箔"之战。歌者在清理三体文明的遗迹时，随手用一片

“二向箔”，就使太阳系从三维跌落二维，这种打击方式被称为“降维打击”。

给我们的启示是：降维打击是相对弱势者的一种攻击方式，即先要对自己降维，才能对对手发动“降维打击”。

免费的 360 杀毒软件对卡巴斯基等收费杀毒软件的攻击，就是典型的“降维打击”，最终让其他杀毒软件无路可走。

3.“归零者”，神级文明，拥有使宇宙重启的能力。就像某些拥有政治资源的对手，它有权制定规则，甚至宣布已有的结果作废。

第三个问题：“维度打击”战略如何运用于具体案件中？

以代表阿里巴巴集团所做的三个案例为例，我们分别采用了“高维打击”“跨维打击”和“降维打击”的策略。

案例一：阿里名誉维权“第一季”

时间：2015 年“双十一购物狂欢节”后

策略：高维打击，即处于相对强势地位时，将打击聚焦于具有优势的维度

1. 案件背景：2015 年“双十一购物狂欢节”后，网络上突然出现大量针对淘宝平台售假的负面文章，并以微信公众号为载体疯狂传播，如《一天收了 912 亿，马云为何吐出 574 亿》《双十一猫腻：你辛苦抢的那些大牌，竟然这样被换成假货》等。

2. 案件难度：第一，淘宝公司经营地在杭州，以杭州为案件管辖地更符合民诉法规定，但阿里出于战略考虑要求在上海发起维权行动；第二，网络侵权的特点是病毒式传播，而诉讼维权周期长；第三，取证和立案需要时间，但网络热点容易转移。

3. 应对策略：

第一，法律维度，通过公证取证，以住所地在上海的微信公众号不当转载者作为共同被告，赢得管辖权。

第二，战略维度，我们通过调查发现文章炮制者并非“水军”，而是某企业微信公众号为吸引“流量”而进行的“独狼攻击”，遂决定采取“高维打击”的策略。首先，“以快制胜”，防止网络热点转移。事发仅一周在上海宝山、青浦两地同时发起维权诉讼，辅以媒体采访和报道的方式，表明阿里对网络谣言的严正立场和态度。其次，“得理不饶人”。两篇文章均有明显捏造事实的情节，因此，通过高额索赔 1000 万元，形成高压态势。

第三，维权结果：文章原创者和跟风炒作者感受到舆论和经济双重压力，主动删除文章、发表致歉声明、赔偿损失。我们又以致歉声明为抓手，发起第二轮舆论攻势，震慑其他跟风炒作者，很快平息事端。

案例二：阿里名誉维权“第二季”

时间：2017 年“双十一购物狂欢节”前

策略：降维打击，即处于相对弱势地位时，通过将对手擅长的维度取消而取得优势

1. 案件背景：2017 年“双十一购物狂欢节”前，网上突然产生大量关于阿里逼迫商家在阿里和京东之间“二选一”、阿里巴巴“垄断市场”、阿里巴巴平台商家“破产跑路”的文章，由 500 个账号在同一时间发出超过 9700 多篇黑稿，明显带有“水军”攻击的操作痕迹。

2. 案件难点：第一，“水军”分散而隐秘，取证较难，诉讼主体难以确定；第二，群狼战术，打了“张三”还有“李四”；第三，没有充足的证据，幕后势力难以触及。对方采取的是“非对称战争”，其实就是“降维打击”的一种。

3. 应对策略：第一，“以降维对降维”，由我以“阿里巴巴法律顾问”的名义在新浪微博上发出“反网络水军”的檄文，彰显阿里立场；第二，呼吁全社会净化网络环境，力图发动“人民战争”。

4. 案件结果：2017 年 11 月 22 日，我以“阿里巴巴法律顾问”名义在个人微博发出《舆论异常操作，特向社会公布》的网络檄文，并附“水军”文章的部分清单，阅读量 30 万次。

之后，有网友爆料，某公司与“互联网实验室”签约，内容是有偿推动工商总局对天猫平台进行“二选一”反垄断调查。

嗣后，继续有网友爆料，“互联网实验室”只是拿钱搞理论，“水军”真正的幕后黑手另有其人，其控制数家公司、数千新媒体账号、数万“水军”账号，就是这次网络黑稿的始作俑者。

阿里巴巴集团法务部遂根据网友爆料的线索，发表公司声明，呼吁“正本清源、还原事实真相"，并将材料线索移交公安部门。其间，对方"水军"偃旗息鼓。

12月6日，引发最高院关注，其机关报《人民法院报》刊文，重申"网络不是法外之地"的立场，为此次阿里维权行动画上圆满句号。

案例三：阿里网络店铺转让纠纷上诉审时间：2015年12月

策略：跨维打击，即双方强弱不分明时，通过增加维度的方式，从其他具有优势的维度发动攻击

1. 案件背景：《淘宝服务协议》规定："淘宝店铺的登录名、淘宝昵称、密码不得以任何形式买卖、转让、赠与或继承，除非有法律明确规定或司法裁定，并经淘宝同意，且需提供淘宝要求的合格的文件材料并根据淘宝制定的操作流程办理。"2015年，淘宝公司发现其工作人员姚某经营的店铺，遂根据平台规则查封其淘宝账户。没想到李某跳出来，称2011年姚某即将此店铺转让，之后店铺一直由其实际经营，并由其努力将店铺信誉等级从"4钻"升级至"1皇冠"，淘宝封铺行为侵害了其财产权益，故起诉要求确认该网络店铺转让合同有效，淘宝解除查封并办理后台实名认证信息的变更。

上海市闵行区人民法院一审支持了原告的全部诉讼请求。

2. 案件难点：第一，一审败诉，二审反转难度大；第二，涉及虚拟财产保护和合同权利保护之间的冲突问题，法律没有明确规定；第三，后果严重，因为影响淘宝平台规则，甚至整个平台运营管理问题。

3. 应对策略：跨维打击。

第一，法律维度。虚拟财产和合同权利各有理论基础，故单一法律维度并不具有碾压性。

第二，跨维至"公共利益"维度。"公共利益"包含两个方面：一是消费者权益，上诉中我们强调，淘宝不是普通购物平台，而是涉及1.4亿消费者的公共平台，本案的处理结果对整个电子商务领域具有示范效应。网络店铺不同于现实店铺，没有法定责任财产，缺乏公示制度，信誉等级与店主经营能力及诚信度息息相关，如果店铺可以随意转让，则消费者难以辨别经营者的真实状况，结果将是假货盛行、消费者权益受损。二是涉及网络安全，淘宝作为交易平台，管理职能既是合同权利，也是平台义务，如果任由店主私自转让店铺，则会产生经营能力与信誉、信用等级不匹配的状况，长此以往，将使淘宝平台的管理职能虚化，直至信誉机制崩溃。

4. 案件结果：二审改判驳回原告针对淘宝的诉讼请求。二审回避了虚拟财产的定性问题，还是从合同法出发，认为店铺转让实际是合同的概括转让，需要征得相对方即平台服务商的同意。值得一提的是，法院在说理中从公共利益的角度出发，肯定了“淘宝规则”限制店铺私下转让的合理性，实际认可了我们从更高的维度去解决利益冲突的策略。

高端商务诉讼最大的魅力在于独特性，最大的挑战也在于独特性，但“维度打击”战略是我们不可不学的战略。

最后，让我们重温美国律师界流行的一句格言，并将之升级成：

“如果法律对我们有利，则敲响法律，如果事实对我们有利，则敲响事实。如果法律与事实对我们不利，而维度对我们有利，请敲响维度。”

"诉讼禁令"中的自由裁量权规制①

自从2013年1月1日施行的《中华人民共和国民事诉讼法》新增"行为保全制度"后，诉讼禁令突破知识产权案件的桎梏，被越来越多地适用于普通民事案件中。但是，由于判断标准的模糊，诉讼禁令的审查渐渐迷失在"胜诉可能性"的泥潭中，而"比例性原则"却未受到应有的重视。

一、行为保全案例数据分析

在北大法宝以"保全""行为保全""禁""行保"等为关键词进行检索，共检索出行为保全裁定书82篇，从案件类型上划分为专利、商标和著作权侵权等知识产权类案件与相邻关系纠纷、劳动争议等非知识产权类案件，其中涉及知识产权类案件的有效裁判文书60篇，占比约73%。从空间维度上看，不难发现，山东、上海、北京、江苏、辽宁等省份知识产权类案件的行为保全案件较多。从时间维度上看，2013年《民事诉讼法》新增"行为保全制度"后，2013—2016年案件数量呈现出较为平缓的增长趋势。

① 本文获第十六届华东律师论坛论文三等奖。

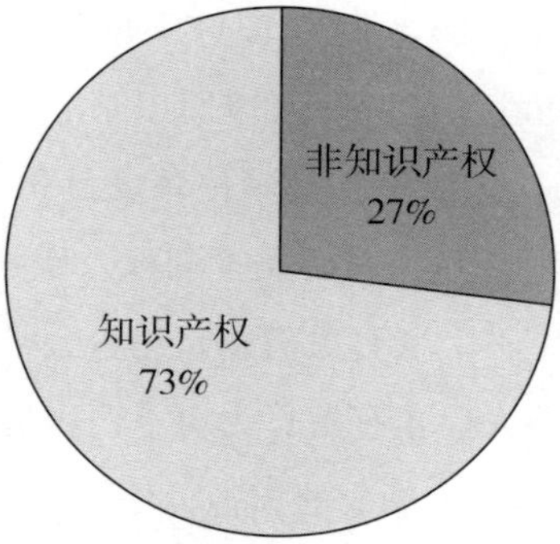

图 1 行为保全案例的案件类型

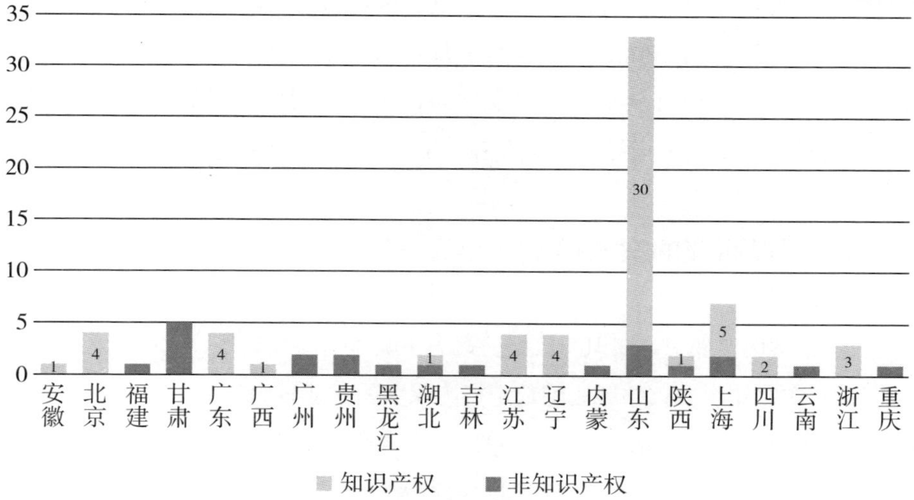

图 2 行为保全案例的地域分布

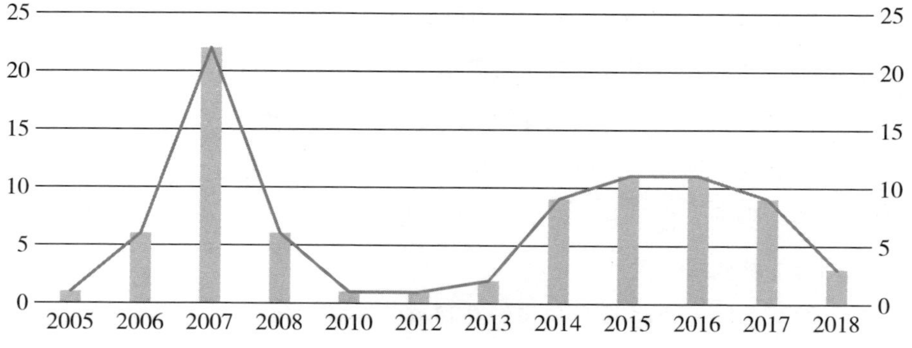

图 3 行为保全案例的年份分布

具体到裁判文书层面，知识产权类案件支持申请人的比例约为 74.6%，法院未支持情形包括驳回申请以及申请人撤回申请。而在非知识产权类案件中，法院的支持比例达 94.7%。从法院裁判理由角度分析，知识产权类案件的论述理由较为充分，基本分为“申请人是否是专利权人或利害关系人；被申请人行为构成侵害专利权的可能性；不采取有关措施，是否会给申请人合法权益造成难以弥补的损害；不责令被申请人停止有关行为对申请人造成的损害是否大于责令被申请人停止有关行为对被申请人造成的损害；责令被申请人停止有关行为是否损害社会公共利益；申请人是否提供了相应的担保”等方面予以阐述分析，而非知识产权类案件的裁判理由普遍简略，多以“申请符合法律规定且已提供财产担保，应予准许”等简单陈述，难以明了裁判的具体考量因素。由于行为保全缺乏上诉救济途径，而且从知识产权案件向普通民事案件扩张的过程中，如果没有一定的审查原则作为指导，的确存在不当适用的可能性问题。

二、据以研究的案例样本

在前述案例整理中，知识产权类型案例在说理中基本参考了行政法上的“比例原则”，而在非知识产权领域法院裁定行为保全的描述较为模糊，为充分考量非知识产权类案例使用行为保全的法院裁量因素，特选取如下两则案例进行对比分析。

案例一：原告 A 经中介公司居间，与被告 B 签订房屋买卖合同，约定向 B 购买房屋一套，并完成网签。之后，因房屋系学区房，房屋升值，B 拒绝履行合同。A 遂起诉继续履行合同，同时提出行为保全申请，要求对 B 名下房屋所对应的学籍进行冻结，禁止其使用该学籍。法院审查时查明：1. 补充协议中，被告承诺房屋为小学学区房，且学区名额未使用；2. 被告表示其拒绝履行的理由是原告和中介公司在网签时“做低”价格，可能使其诚信记录产生问题；3. 被告已将其子女户籍迁回涉诉房屋，将于 6 月小学入学登记时使用涉诉房屋对应的学籍，该学籍六年以内只能被使用一次。

案例二：原告 A 直播平台与经纪公司 B、主播 C 签订《直播服务协议》，约定 B 派遣 C 至 A 平台提供独家直播服务，期限两年；A 与 B 结算服务费用，向 B

支付费用后即视为付给C。该合同中约定了A的单方解约权，但未约定C的解约权。后C跳槽至D平台直播。A遂起诉要求继续履行合同，同时提出行为保全，要求C不得为D平台或类似平台提供直播服务,D平台不得对C进行推广或录制、使用、发布、播放C的直播音视频内容。

法院审查时查明：1. 被告C为全职主播；2. 被告C跳槽的理由是B拖欠其“工资”，且A未履行宣传推广义务；3. 原告A在起诉状中除要求继续履行外，还要求被告C全额返还合同履行期间被告B收取的费用并赔偿违约金500万元；4. 原合同已履行9个月；5. 原告A已经在其官方网站上对被告C跳槽的行为予以公开谴责，C也在其个人微博中予以反击。

上述两个案件法院均作出行为保全的民事裁定，以下试用“比例原则”理论审视之。

三、比例原则的前世今生

比例原则本是行政法上的基本原则，包含适当、必要、狭义比例原则，是指除了法律依据以外，行政主体行使权力时还必须选择对相对方侵害最小的方式进行。该原则可以最早追溯至英国大宪章的规定，19世纪，德国的警察法中首次出现比例原则观念。比例原则在德国行政法中有着极其重要的地位，被誉为公法领域的软化剂。比如20世纪初，德国行政法学者弗莱纳（F.Fleiner）在《德国行政法体系》一书中用“不可用大炮打小鸟”的名言，比喻警察行使权力的限度。比例原则在我国虽未列入法律基本原则，但行政单行法中多处已经体现“目的与手段间的衡量，兼顾多重利益，确保基本人权的实现”。

至于民事诉讼体系中，关于自由裁量权行使，已经较多地涉及“比例原则”思想的运用。比如《最高人民法院关于审查知识产权与竞争纠纷行为保全案件适用法律若干问题的解释（征求意见稿）》[①]第七条中规定：“人民法院根据申请人提

① 编者按：本文写作时《最高人民法院关于审查知识产权纠纷行为保全案件适用法律若干问题的规定》尚未出台，目前已出台。

供的申请书、必要证据和被申请人提供的必要证据对知识产权与竞争纠纷行为保全申请进行审查。人民法院应当综合考虑以下因素，判断是否有必要采取保全措施：（一）申请人在本案中是否有胜诉可能性，包括作为申请人的知识产权权利人或者利害关系人拥有的权益是否有效、稳定；（二）因被申请人一方的行为或者其他原因是否可能造成将来的判决难以执行或者造成申请人其他损害，或者使申请人的合法权益受到难以弥补的损害；（三）采取保全措施对申请人造成的损害是否明显超过不采取保全措施给申请人带来的损害；（四）采取保全措施是否会损害社会公共利益。”上述审查原则可以拓展为四个维度：目的是否正当、稳定；措施是否有助于目的达成；措施是否对基本权利侵害最小；措施造成损害与达成目的之间比例是否均衡。

四、比例原则在行为保全审查中的运用

按照比例原则的四个维度衡量，案例一中法院做出行为保全是妥当的，而案例二中的行为保全裁定则值得商榷。

第一，就保全目的正当性和权益稳定性而言

案例一中的原告按照房屋买卖合同及补充协议对房屋享有稳定的债权，对房屋户籍对应的学籍亦享有合法权益，而诉讼进行过程中，如果被告擅自前往指定小学参加信息审核并登记入学，就使用了户籍对应的学籍，按照六年以内只能使用一次的规定，原告等到胜诉判决后就不能再使用该学籍，事实上导致购买学区房的目的落空，将蒙受重大不利，导致胜诉判决享有的权利无法实现，且损失难以弥补。

案例二中的原告虽按照服务合同享有对主播的独家服务请求权，但由于主播服务类似于“演出服务”，他人不能替代履行，因此具有人身专属性，依法不适于强制履行；而且原告虽请求合同继续履行，但提出的却是基于合同解除而产生的违约责任，且已在公众媒体“封杀”主播，事实上表明其内心不愿再继续履行合同，在此情况下，原告申请对主播的禁令并不具有充分的正当性。

至于与直播合同类似的演艺合同是否应当一律继续履行问题。国内现有判

例分为两派：否定派认为："鉴于原告在合同的履行过程中出现了违约行为，双方产生诸多矛盾难以调和，双方当事人之间已经不具备互相信任的基础合同关系……继续履行合同已经不利于双方的利益，弊大于利。故原告要求被告继续履行合同的诉讼请求，本院不予支持。"[①] 肯定派则认为："合同主体间的信任虽是履行合同的重要基础，但并非合同能履行的法定事由，唐人影视公司亦表示会继续按约定为蒋某提供演艺经纪服务，故蒋某以此证明合约无法继续履行，本院不予采信。"[②]

而我国香港地区法院在此问题上是不支持禁令申请的，在"黄某与星辉公司解约案"中，法院认为，艺人与经纪人必须在互信下才能履行合约，当艺人不再愿意与经纪人合作，并且双方已经发生解约纠纷的情形下，双方继续合作几乎是不可能的，如果禁止艺人私自接洽工作，这无异于中断艺人的演艺事业，这明显过分妨害了艺人的人身自由、经济自由。

从上述判例的观点来看，对主播实施行为保全也缺乏合同权益的稳定性。

第二，就措施是否有助于达成目标而言

案例一中，由于被告已经毁约，并且表示将使用户籍对应的学籍。故申请行为保全，禁止被告使用学籍，的确可以防止对原告造成"难以弥补的损害"。

案例二中，网络主播是近年来新兴的职业，它的特点是和互联网"粉丝经济"密不可分，一旦主播长期遭受"封杀"，主播的人气衰减很快，粉丝的注意力也会转向其他主播或新来者。因此，"禁令"会带来一个很明显的负面作用，即如果禁令封杀是成功的，则直播平台胜诉后，双方已经失去继续合作的基础，故措施与目的之间并不一定产生正向作用。

第三，该手段是否在诸手段中对基本权利侵害最小

案例一中，涉及一个很大的争议是，支持原告的行为保全申请，是否会影响被告子女的受教育权。受教育权是我国宪法规定的公民享有的基本权利，即国家

---

① 参见（2014）静民一（民）初字第 1163 号上海坤宏传媒投资管理有限公司与薛某某其他合同纠纷一审民事判决书。

② 参见（2016）京 03 民终 13936 号蒋某某与天津唐人影视股份有限公司合同纠纷二审民事判决书。

应积极实现公民受教育的权利，促进机会均等，甚至提供一定程度的无偿性义务教育。但法院经审查后认为，虽然禁令限制了被告子女在户口对应小学登记入学的权利，但被告子女仍有进入同区其他小学就读的机会，而且根据当地教育局规定："学校接收有困难的，可先由学区协调解决。"故实施禁令并未剥夺被告子女的受教育权利，而只是对具体实现方式加以限制。

反观案例二中，被告是全职主播，原告申请的也是最严厉的"全网封杀"方式。虽然司法界对于主播服务合同属于劳动合同一般持否定态度，但也不否认主播服务中包含劳动性质。宪法规定劳动也是公民的基本权利，而剥夺被告通过劳动获取收入的权利无疑侵害了被告的生存权利。更为严重的是，如果最终解约，则主播由于"人气下降、丧失一部分或全部直播能力"将同样遭受"难以弥补的损害"。

至于原告的权利，本质上是合同权利，是能够通过"高额违约金等金钱方式"予以弥补的，更何况除某些头部主播外，直播平台一般不会与主播签订长期合同，从这个意义上说，直播平台的损失也不是"难以弥补"的。

第四，措施造成损害与达成目的之间比例是否均衡

案例一中，被告出售房屋，并且承诺房屋是学区房，对应的学籍未使用，说明被告对解决子女入学问题是有预期的，对其适用禁令不会导致难以弥补的后果；而且，一旦判决合同继续履行，则有利于判决的执行，引导社会公众对于信守房屋买卖契约的合理预期，可以促进社会的整体福利增长，因此在措施造成损害与达成目的之间的比例是均衡的。

反观案例二，案件尚未进入实体审理，原告虽然要求合同继续履行，但行为保全针对的是被告人身，而且禁的恰恰是双方合作的基础"被告的直播服务能力"，如果原告胜诉，禁令不但无助于判决执行，相反会导致判决履行障碍；如果被告胜诉，将导致被告"难以弥补的损害"，因此，措施造成损害与达成目的之间的比例显然是失衡的。

另外，考虑到平台的优势地位，在没有约定主播解除权的情况下，主播解约本身就是"难以完成的任务"，诉前禁令在效果上会引导法院未来的审判方向，使主播解约更加"举步维艰"。

五、结语

在最高院尚未就行为保全审查颁布司法解释的情况下，法院将行为保全制度扩张适用到普通民事领域特别是合同领域，应当慎重使用行为禁令制度，对于必须给予诉前救济的，应当严格按照比例原则进行审查，以平衡合同双方的利益。

第五章

职业感悟——甜酸与苦辣

总在快乐的时候，感到微微的惶恐。在开怀大笑时，流下感动的泪水。我无法相信单纯的幸福。对人生的起伏悲喜，既坦然又不安。

——几米

法官最欣赏律师的六个品质

做法官16年，律师6年，我观察过形形色色的律师，也被形形色色的法官审视过。年轻律师问我，胜诉有秘籍吗？怎样做才能增加法官的认可度？我的回答是，与其猜度法官的心思，不如把案件的每个环节做扎实。当然，法官不是机器，法庭内外良好的互动关系也会在法官的天平上增添一定的砝码。那么，哪些是法官最为欣赏的律师品质呢？

一、有法律的信仰，不忘初心

康德说："这个世界唯有两件东西最能震撼我的心灵，一件是我们心中崇高的道德法则，一件是我们头顶上灿烂的星空。"

法官和律师作为法律共同体中非常重要的一环，其实是休戚相关、荣辱与共的关系。毕业20年聚会的时候，有同学在发言时说："很高兴这20年来，没有发生一半同学抓另外一半同学的情况，非常欣慰，说明母校对我们的教育是成功的，大家都不忘初心。"

虽然半是玩笑、半是认真，但至少揭示了一个事实，当初大家都是抱着对法律的信仰才走进法律的殿堂的，圈外人可以因一些负面现象而质疑法律存在的价值，但圈内人仍需清醒地坚守。

有法律信仰，才会尊重自己的工作，才会有职业荣誉感。所以我在做法官时，无论多热，都坚持身着法袍开庭，以示郑重；做律师时，无论多忙，都坚持提早15分钟到法庭，以示尊重。

信仰，虽说是精神层面的东西，却是一切行为的基础和源泉。

二、有专业的素养，一剑封喉

法律人，应当用专业思维来解决问题。

法官和律师，共同遵循的是“三段论”的思维模式，即法律（大前提）+事实（小前提）=结论（诉讼目标），只不过，由于角色的不同，法官是正着用，律师则是反着用。但殊途同归，因为大家用的都是同一套“法律密码”。律师专业度高低，看的就是在法律规范以及事实的汪洋大海中，能不能及时找到破译密码的钥匙。

举个例子，曾经有朋友来找我，说他卷入一起担保纠纷，他犹豫着是否要应诉，因为“白纸黑字，好像去了也是枉然”。我让他把材料发给我看，结果在原告的证据中我有了意外的发现，这是一张银行贷款的内部审批单，贷款的事由中赫然写着“借新还旧”，我一下子就想到《最高人民法院关于适用〈中华人民共和国担保法〉若干问题的解释》第三十九条第一款的规定：“主合同当事人双方协议以新贷偿还旧贷，除保证人知道或者应当知道的，保证人不承担民事责任。”我问他是否知道债务人“借新还旧”的事，他表示毫不知情。于是，我以“借新还旧”但未告知债务人为切入点，最终为其免除了担保责任。

法官在审理案件中，更喜欢律师提出“一剑封喉”的观点，而不太喜欢律师简单地堆砌观点。所以，律师应当力争让法官做“判断题”，而不是做“选择题”，才能更多地获得法官的青睐。

三、有敬业的精神，永不放弃

律师圈有个笑话，说是某律师喝醉了，老婆怎么唤都不醒，无奈求助于丈夫的同事。同事出一招，让其在丈夫耳边大声说：“当事人到了。”某律师果然猛地从床上蹦起，醉态全无。

这虽是笑话，但源于生活。我就亲眼看到过律师同事在酒桌上，一接到当事人的电话就从微醺状立马变庄严肃穆状。

当然，律师的敬业精神更应该体现在法庭上。

庭前准备时，你需要一份详尽的证据清单，每份证据按时间或证明目的有序排列，并按法庭的组成人员（包括书记员）和对方当事人的人数提交副本，编好页码、装订成册。

庭审时，你需要用清晰的逻辑、简洁的语言陈述事实与观点，熟知每份证据的出处与细节，设想好对方的每一个可能的攻防点，并给予清晰的回应。如果当事人不出庭，你要充分询问事实，在法官核对事实时予以准确的回答，最忌“一问三不知”和不停地翻找案卷材料。你还需要围绕争议焦点，展开辩论意见，不扩大、不纠缠，特别不要到了饭点还长篇大论，让法官“暗掐大腿”。

庭审后，你需要按照法官的指挥，在规定的时间内核实事实、补充证据、补充代理意见，给法官以踏实、稳重的印象。你还需要与法官建立良性的沟通，在一些疑难案件中听取法官的建议，为调解铺平道路。为了当事人的利益，律师应当收起高傲、放弃侥幸、杜绝疏忽。只要是为了案件所做的努力，法官自然会从中感受到你的敬业，从而予以尊重。

四、能掌握好分寸，进退有序

成熟的律师，应当能把握好案件代理中的分寸。

对客户，不拍胸脯、不打包票，合理分析案件中的风险点，并对对方设立的诉讼陷阱予以合理的预见。

对法官，保持合理的距离，既不溜须拍马、点头哈腰，也不横眉冷对、胡搅蛮缠。法律圈说大不大，说小不小，律师的口碑也会在坊间流传，如果上了法官间的“黑名榜”，无疑会影响律师今后的执业发展。就像曾演过暴力片，再想走青春文艺路线就不是那么容易的事。

对案件，既不能不投入，也不能过分投入。有些律师，情绪比当事人还要激动，无疑给法官的印象就是“不专业”；还有些律师，用当事人的案件炒作自己，置当事人于危险中，无疑也是违反律师职业道德的。律师应该站立在中间靠左的位置，保持冷静、中立但又不失温度。

五、有化繁为简的能力，事半功倍

法官最欣赏的是“不说废话”的律师。

“不说废话”不仅是种态度，更是一种能力。这点在上诉审中体现得尤为明显，上诉方律师要在有限的时间内吸引住二审法官的眼球，就必须有逻辑地陈述自己的上诉观点。这种陈述是有主次关系的，律师必须永远将最有力的观点放在第一位陈述，否则最有力的观点就会淹没在枯燥的法庭程序中。

在法官与律师的关系中，律师是被动的一方，律师为了最大限度地影响法官的判断，往往会不由自主地重复自己的观点。但是，一味地重复观点只会使法官心生厌烦。因此，律师必须学会艺术地说话。

即使是同一观点，也必须采取不同的表达方式，如先从法律效果角度表达的话，接下来就要从社会效果的角度表达，以显示出不同的层次感。

另外，律师还必须学会“察言观色”，即使是再资深的法官，也会在审理过程中流露出某种细微的倾向。法官事实调查的侧重，发问的角度，背后反映的是法官的兴趣点。如果熟悉法官审理某类案件的套路，你就可以发现一切都是有迹可循的，你不需要等到判决书的下达，单从法官的行为、语气，就能推知大致的判决结果。所以，所谓法官眼中“不说废话”的律师，其实是预先知道哪些观点说出去是无效的，投其所好罢了。

诉讼，归根结底不是背法条的能力，而是比拼经验的累积度。

六、有担当的能力，不推脱责任

如果调查法官最讨厌律师的若干行为，“推脱责任”肯定是其中必不可少的一条，法官最讨厌律师把败诉的责任推给所谓的“司法腐败”，因为这是一条大家最终都“无路可走”的恶性循环的路径。

普罗大众之所以对法律不信任，其中有一条原因就是不知道律师“除了搞关系”之外还能干什么，并且把胜负简单地归结于“关系到位与否”，更可悲的是，不少律师还起了推波助澜的作用。如果他们都把吃饭的时间用在研究案件上，也许会发现有些案件“本该如此”。

回到我文章开头举的例子，我的朋友第一次听到我的分析非常吃惊，是因为他咨询了很多律师都说这个案子“没有什么可打”的。因此，我能理解会议室里，很多公司老总对律师意见的不太重视，是因为不知道法律能做什么。就像医生如果总是看不好病，何来的江湖地位呢？

这篇文章写成的时候，又是华夏大地酷暑难当的时节，但我知道，很多人都在为自己心中的理想努力拼搏，挥洒汗水。借用顾城的一句诗作为结尾：

“黑夜给了我黑色的眼睛，我却用它寻找光明。”

律师应避免的六个“职业陷阱”

做过孩子父母的都知道：有一种“好孩子”叫“别人家的孩子”；做过律师的也同样知道：有一种“大律师”叫“别人眼中的律师”，以“何以琛同学”为代表，随随便便就能成为律所合伙人。实际上，每个律师都是伴随无数的“坑”成长起来的，那些没有越过的要么“长眠于斯”，要么早已挥泪转身。

那么，成长过程中的律师应避免哪些“职业陷阱”呢？

一号陷阱：免费咨询

中国律师最深恶痛绝的行业潜规则莫过于免费咨询了。医生看病收“诊疗费”理所应当，而号称“解决社会疾病”的律师，虽有咨询收费规定却不敢理直气壮地收取相应费用。最主要的原因：客户没有养成为占用律师时间付费的习惯，其他原因包括：同质化竞争激烈、律师业务水平参差不齐、服务计量标准模糊、业务为朋友介绍等。

网上有些其他律师撰写的文章，把这个问题归咎于客户不清楚律师服务有多少成本，号召大家勇敢地主张收费权利。

但是，如果这个问题不处理好，简单粗暴要求付费的话，轻则客户体验不好，重则客户流失。站在客户的立场上，客户不会为律师的成本埋单，只会为律师提供服务的价值而埋单。问题是：如何让客户感知服务的价值。

我的做法是：给客户一定的免费体验时间，但客户不尊重律师劳动的话则绝不纵容。为此，我接待前均会告知客户，咨询需要收费，但前 30 分钟免费咨询，如果 30 分钟内，不能给出初步解决方案或客户不满意，可随时终止咨询。并且，如果最终形成委托，则免除相应咨询费用。这样的话，客户感觉自己的选择权被尊重，咨询付费意愿和成案的概率大大增加。

二号陷阱：合理报价

越过免费咨询的“陷阱”，随之而来的就是报价问题。律师永远面临的难题是，报价过高，客户会离你而去；报价过低，则实际办案过程中，收益不能覆盖成本。我同事有一个天津的案子，前前后后跑了 13 次。起诉时还是个胖子，结案时成了瘦子。

报价时没有考虑合理办案成本，还不是问题的全部。更致命的是，签订律师合同时，没有充分考虑案件的各种变数、约定清楚风险代理费用的结算依据，当律师千方百计地达到客户要求时，却面临律师费“无条款可依或结算条款过于模糊”的问题。这时候，如果客户利用合同漏洞不愿付费，律师的心是悲凉的，“苟富贵，勿相忘”，但契约精神决定律师不可能超越合同去主张收益。我的做法是：

第一，开始之初就要和客户充分地讨论，确定合理的案件目标，并根据案件总目标和分目标去设计相应的风险代理费支付节点。所谓“成功一个目标，确认一次付费”，把合同最后结算的风险“化整为零”。

第二，在设计合同条款时，尽可能精确而不失变通，如“生效法律文书（含判决、调解、庭外和解协议）确定……”就比“生效裁判文书（含判决、调解、庭外和解撤诉）确定……”涵盖的范围更广，更利于律师在客户目标实现时主张相应的律师费用。

第三，同等情况下，尽可能选择诚信度高、有后续合作可能的客户。大家不是“一锤子买卖”，自然不会在非原则问题上锱铢必较。须知，再周全的计划也赶不上变化，很多疑难案件都需要在处理过程中不断调整目标和方案，相应的律师费用也需要调整。为防止无条款可依，可以加上一句原则性条款：“律师保留在非因律师工作失误导致案件工作量发生重大变化的情形下，适当要求增加代理费用的权利。”

三号陷阱：单打独斗

当报价通过，客户终于决定把案件交给律师承办，律师甚至来不及松口气就要面临新的问题，即服务目标和资源之间的匹配。如果律师“单打独斗”，就会存在错配问题。

第一，时间冲突。如果两份开庭时间冲突的传票同时放在律师面前，所有律师的心理都是崩溃的。我就曾经遇到过这样的情形，时间分别是上、下午，一份是上海一中院发出的，另一份是江苏滨海法院发出的，而且都是合议庭审判，貌似时间错开，但乘坐现有交通工具无法在开完一个庭后按时赶到下一开庭地点。和两地法院联系更改庭审时间未果后，我只能安排团队其他律师代为参加其中一个庭审，并通过事先模拟法庭演练的形式，达到我本人出庭的同一效果。

第二，专业性不足。以往律师都是“万金油”式的服务方式，但是随着法律领域的细分和法官、客户专业度的提高，案件代理的要求也在不断提高。比如说涉及互联网的不正当竞争案件，你需要拥有法律思维（熟悉反不正当竞争领域的法律与司法实践）、技术思维（侵权行为是通过什么程序和路径实现的）、商业思维（侵权商业模式的本质）、行业思维（所涉领域的行业发展情况、发展方向）和管理思维（社会个体利益与公共利益考量）。如果律师没有团队支持，很难在激烈的专业化诉讼中赢得胜利。

第三，服务错配。律师经常在服务能力与成本之间徘徊。如果没有固定案源，通常律师并不愿意白养团队。但是，如果突然接到大项目，则易产生服务能力错配的问题。

我的做法是：核心团队与合作资源相结合。保留一个精干的核心团队，如两名律师带两个助理，处理通常的案件。但经常与其他律师保持交流、合作，了解其他律师的执业领域、专业度、合作精神，如果有跨领域的案件，则寻求个案合作。我就是越过了单打独斗的阶段，找到了志同道合的伙伴，才以持续、专业的服务赢得了许多知名企业客户的认可。

四号陷阱：客户沟通

对律师而言，客户沟通是一个既简单又极其复杂的事情。如果沟通得好，双方都是极其舒服的过程；如果沟通得不好，你会觉得客户的犹疑如芒刺在背，整个过程不容一点闪失，用“战战兢兢、如临深渊”形容也不为过。

经历过几次不快后，我总结了与客户沟通的几条原则：

1. 如果可以选择的话，尽量选择高素质、容易沟通的客户，越是成功的企业家、大领导，越是平易近人，能够换位思考，体谅他人。

2. 第一次见面很重要。客户与律师虽不是夫妻，但最好“气场相投”，才能“长相厮守”。如果第一次彼此感觉不对，不要勉强把案子接下来。须知，人与人之间的信任是最难建立，也是最弥足珍贵的。

3. 专业很重要，服务更重要。客户不但需要你的专业度，而且需要你的重视感。因此，再忙也要及时回复客户，没有突破性进展时也要定时汇报案件情况，让客户感知你的付出和努力。

五号陷阱：自我管理

律师是最自由，也是最不自由的职业。自由到你想几点钟上班就几点钟上班，但也不自由到你逃无可逃，度假时都得背着电脑，否则就有“失联焦虑症”。

另外，律师自由到想接什么案子就接什么案子，但也不自由到想不接某个案子都不行，因为你是“专业人士”，不能以自己的好恶去决定工作的方式。

我开始做律师的时候，对这个行业充满好奇感，什么案子都想接，什么客户都想获取。但渐渐地发现自己不是全能的，精力也不是无限的，太过于忙碌给客户的体验感也不好，因此，我试着给自己定位，更精准地提供高质量的法律服务。

第一，律师业“二八现象”很明显，你 80% 的业绩是由 20% 的客户提供的，因此，很忙的律师不一定是好律师。好的律师应当是有战略思维的，再忙也要停下来思考未来。

第二，专业分工越来越细化，律师要有专业辨识度，进行差异化竞争，如果能提前研究布局，如大数据、人工智能领域的法律问题，可能会在未来的竞争中“弯道超车”。

第三，有了定位，还要懂得取舍。符合战略目标的，不赚钱的案子也要接，不符合战略目标的，再赚钱也要舍弃。长此以往，才能在细分领域内成为专家。

六号陷阱：缺乏方向

英国牛津大学教授理查德·萨斯坎德在其专著《法律人的明天会怎样？》中引用了著名冰球选手的一句话：“奔向冰球所向，而非冰球所在。”

方向感和市场嗅觉可能是律师最重要的隐性能力之一，方向错了，再努力也是错。在法律服务市场上，如果安于现状，也许一时风光，但不能长久；如果能够居安思危，提前布局，迎上下一个业务发展的风口，则能够摆脱靠天吃饭的局面。比如中伦所，如果安于起步时在外销商品房法律服务领域内的优势地位，就不会有之后在资本市场的布局和爆发。

现在同样如此，我们谁都不知道来自外界的竞争何时会夺去律师的一部分“奶酪”，但是风已经在吹了，科大讯飞的语音识别系统已经夺去了部分法庭速录员的工作，四大会计师事务所也已经向法律市场延伸。也许，下一个10年，是诉讼律师业务爆发的时代，因为诉讼中的算法更加复杂和难以复制。

做律师以来，我通过不断地思考，把握机遇，最终在律师界赢得了“一席之地”。未来，还有很多“职业陷阱”等着我们去发现，去跨越。律师始终“在路上”，因此，需要不断地“仰望星空、脚踏实地”！

前法官如何在律师界“入额”

司法改革后，法官要进入员额才能继续保有裁判权。而律师行业，看似门槛不高，只要拿到执业证就可以自己办理案件。然而，看不见的“市场之手”代替了“员额制度”，成为进入律师行业的门槛。用一个合伙人的话来说：“一踏入办公室，我就想起办公位是租的，助理是雇的，办公耗材是自己买的。我得先把几十万元成本给填平了，然后才是为自己干活。”

体制和市场的限制，注定前法官们的律师转行之路并不会清风自来，水到渠成。那么，有法官背景的律师应当如何在律师界取得“一席之地”呢？

一、前法官们的优势与劣势

有次，我在上海市最高的律所（位于“上海中心”大厦61楼）做“律师写作”交流时，一个老律师半开玩笑地向我抱怨：“你们法官下海做律师是不正当竞争行为。”我说：“法官背景确实对做诉讼有一定帮助，但我亲身体验发现，做法官判案和做律师服务还真是不一样，不能等同视之。最简单的区别是，以前我要求1000个不同的律师适应我，而我现在要学着适应1000个不同的法官和1000个不同的客户。”

做这样的回答并非敷衍，而是有切身的体会。

前法官的优势当然很突出，受过专业的思维训练、法律专业扎实、熟悉司法体系的运作、有一定的人脉，在诉讼方面容易上手，也容易获得客户的信任。但前法官的劣势也同样明显，如缺乏商业思维、解决问题的模式较为单一，业务转型（如切入非诉讼领域）比较困难，抗市场风险能力较弱等。

前法官最大的风险来自自身，由于之前的职业经历已经树立标杆，前法官容易背上“想赢怕输”的思想包袱。比如在执业初期，我就很难接受法官裁判思路与我的代理思路不同，但慢慢就释然了。就像法官之间观点也会不同，更何况法官与律师视角、立场不完全相同。要及时找出法官形成不同观点的思维轨迹，才能有的放矢地去说服法官。

二、让自己变得“独一无二”

前法官由于在某领域内的积累，往往能在短时间内形成业务“爆发”。但是律师业的竞争非常激烈，比拼的是内力。随着时间的推移，“前法官”的光环会逐渐地褪去。因此，必须提前做好职业规划和市场营销，让自己从万千律师中脱颖而出。

第一，不能“随波逐流”。律师界就像资本市场，各种热点此起彼伏，前有“IPO”，后有“新三板”、互联网金融等。如果随着潮流去决定自己的业务方向，很容易迷失自己，最后反而丧失了自己的专业特色。我比较欣赏的是，某些律师在自己的业务领域内深耕，但又不“墨守成规”，如家事律师找到了和资本市场的结合点，通过为企业家解决婚姻问题，切入更深层次的公司股权治理。“跨界而不离界”，才是转型者的“通衢大道”。

第二，给自己“贴标签”。过去，人们形容“三脚猫”时常常有句委婉的说法，如“您是作家中最懂法律的”或是“您是律师界中写作最好的”。但是，互联网时代，人际交往的延伸和快节奏带来了信息“碎片化”的问题。如何让别人在最短时间内记住你？答案是让自己“标签化”。iCourt 课堂上曾经演示过一个游戏，让每个学员用几句话介绍自己，然后继续课程，15 分钟后让大家回忆别人介绍的内容，结果发现大部分信息都被遗忘了，被记住的只是那些极具个性、形象化的介绍，如“流落律师界的文艺女”等。

标签化最好是与自己的律师业务方向相关联。至今仍令我印象深刻的是“票据刘”，一位专门处理票据法律业务的杭州律师。第一次介绍的时候，他就说自己叫刘涛，绰号“票据刘”（与“票据流”谐音），我几乎第一时间就记住了他，加上他做了一场关于票据业务的生动演讲，瞬间引爆全场，当场就有律师要和他合作业务。这里，标签就成了营销利器。

当然，法律是小众化市场，“贴标签”的方式并不能保证持续的广告效应。但是，标签贴得恰当，却是形成个人品牌的必经之路。

第三，把某一方面的能力发挥到极致。就比如我，除了办案以外，写作成了工作、生活的一部分。一开始写作是因为空闲时间和感想多，后来写作慢慢成了兴趣，最后写作成为一种习惯。写作是件苦差事，我常常深夜开始写作，因为那时是距离自己灵感迸发最近的时刻。坐地铁时、开车等红灯时，我也常常构思和润色文章，因此，我经常沉醉其中，甚至连坐过站都不自知。利用办案的间隙，我先后发表了《心路三部曲》《律师的幸福》《律师与公司法务深度合作的八个维度》等若干篇文章，受到了法官、律师、公司法务等法律群体的高度评价，也因此结识了很多朋友，包括各个微信公众号的“小编”。如果评选“有辨识度的律师”，我想我是有资格入选的。

三、从业务专业化到思维专业化

律师最大的成本，就是机会成本。

法官转型做律师，一般都会经历心理的“兴奋期”“迷茫期”“探索期”，最后到“适应期”。开始觉得一切都是新鲜的，“人工智能”“大数据”“PPP 项目”……恨不得每一样都搞懂，形成案源委托。最显著的特点就是，逢讲座必听，逢文章必收藏，逢法律书必买。最后，头大如斗，开始怀念做法官时专注于某一领域的时光。

我就是这样，我原来专门从事房地产审判，每次走进法律书店都不纠结，只要盯住“房地产”方面的新法颁布、学术专著、案例选编就行。但是，做律师后，需要解决的问题不可能仅仅局限在房地产领域，如担任企业法律顾问要研究公司法、劳动法，代理名誉权纠纷案件要研究侵权责任法，即使是处理擅长的房地产案件也经常涉及商事领域，如公司法、破产法等，因此我的书橱如气球般膨胀起来，这使我充实的同时也使我惶恐。

我的解决方式是从业务专业化到思维专业化，即“做加法”和“做减法”。“做加法”就是寻求专业合作。在律所内，关注其他律师的专业方向和专业能力，对跨领域案件通过搭建项目团队的方式，集合众人之长。在律所外，通过上课、论坛、讲座、沙龙的方式，结识其他执业领域的律师、财务、审计、评估等专业性人群，通过咨询、讨论、合作的方式拓展自己的专业外延。

“做减法”就是以法律思维贯穿案件代理全过程，关注法律背后的逻辑联系。通过梳理，我从原先面面俱到地关注法律到重点研究四部法律，即《合同法》《物权法》《公司法》和《侵权责任法》，就我现在从事的执业方向——“民商事争议解决”而言，这四部法律已经基本囊括所有的情形，我所要做的，只是不断地通过案例实操将四部法律融会贯通。为此，我形成了法律检索和不断复盘的工作习惯，为的是培养“举一反三”的能力。

经过思维的升级，我执业的领域大大拓展，从房地产领域跨越到国企改制、股权转让、不正当竞争、网络侵权等民商事综合领域。

四、提升格局，避免“单打独斗”

职场如战场，在竞争激烈的律师界，分分合合的故事总在上演。

这种现象既有客观因素，也有主观因素。客观因素是，一定的地域空间内法律需求有限，律师专业服务重合度又高，导致律师间彼此竞争激烈；客观因素是，律师长期与利益打交道，眼里容不了沙子。

好在信息科技的迅猛发展已经在改变这一现象。大家在惊呼：人工智能会不会动了律师的“奶酪”？但是，从目前来看，信息科技是在给律师赋能的。首先，互联网为律师开拓了一片业务的“蓝海”，使客户地域化的打破成为可能；其次，互联网经济是分享经济，律师利用信息不对称赚钱越来越难，市场逼迫律师不断地向专业化发展，而专业化会带来合作的机会；最后，互联网使口碑的传播更加跨地域化，律师更加注重口碑的累积。

我常常从心底感谢“前法官”带给我的口碑附加值，使我在做律师之初有了原始的背书，并且在案件合作中结识了一批靠谱的伙伴。大家都有这样的共识：合作，使律师职业更美好。当同时接到两个法院传票分身乏术时，当案件遇到“瓶颈”难以推进时，大家会相互帮助和鼓励，用革命乐观主义精神去应对案件的不利；更多的时候，我们会在一起讨论理想、交换心曲、消弭误会，像兄弟一样并肩战斗。

在我这篇文章的写作接近尾声的时候，上海正是雾霾爆表之时。我站在29层的办公室，望着川流不息的车辆，太阳已经升起，远处的高楼若隐若现。我想，即使雾霾暂时肆虐，也剥夺不了人们对美好生活的向往，正如大文豪狄更斯在《双城记》的开头所言：

“这是绝望之冬，这亦是希望之春。”

如果大概率败诉，案件有没有代理价值

每一个律师都会遇见这样的情形，证据不足，预判案件大概率会输，接还是不接？

比如说 2017 年的直播平台大战中，发生了很多网红主播从原有平台跳槽至第三方平台的案件，由于这些主播都签有“独家直播”的禁止性条款，并且主播的法律意识相对比较淡薄，即使有解约的合法理由也在证据收集上存在着严重的“短板”，故代理此类主播方解约的服务纠纷属于典型的败诉概率较大的案件。

当时我的决定是：律师不是上帝，但律师有选择权，选择的标准是：能否从大概率会输的案件中寻找到代理的价值？

一、没有一份判决书写着“原告赢”或者“被告赢”

每个律师都希望成为“大状”，即代理原告时全部诉讼请求得到法院支持，代理被告时法院驳回原告的全部诉讼请求。但是，这种情形只存在于梦想中，真实的诉讼是千变万化的，也是残酷的：

1. 有的案件表面赢了，事实上却输了。比如案件无法执行。又如关于“真假开心网”之争的不正当竞争案件，真“开心网”赢了诉讼案件，却输了市场。

2. 有的案件表面输了，事实上却赢了。比如被拆迁人为取得拆迁安置的整套文件而起诉拆迁人，主张安置协议无效。虽然形式上诉讼请求被法院驳回，但却取得相关证据，为后续财产分割案件的诉讼提供了充分的依据。

3. 有的案件开始时预测大概率败诉，但却反转了。比如诉讼中取得了关键的证据。例如我代理的“某宝”和全民直播的跳槽案件，我从对方的证据中发现了对我方有利的证据，即对方在运营中有侵害主播权益的违约行为，遂据理力争。法官虽然同意颁发“诉前禁令”，禁止主播诉讼期间在第三方平台上直播，但却无法得出主播恶意跳槽的结论。该案迟迟不能判决，诉讼中全民直播“凉了”（停止运营），我遂抓住时机，在法官主持下以较少的金额与对方达成和解。

综上所述，没有一个案件的判决书或是调解书写着“原告赢”或者是“被告赢”，输赢的标准除了纸面上的裁判结果以外，还取决于客户的心理预期，诉讼结果好于客户心理预期，就是“赢”；诉讼结果低于客户心理预期，就是“输”。因此，律师有没有和客户达成关于诉讼预期的共识，是判断案件有没有代理价值的第一个考量因素。

二、诉讼有时间利益

律师的价值，有时并不一定在于带给客户胜诉的结果，而在于帮助客户渡过了最黑暗的时刻，避免了极有可能发生的损失。这种价值，尤其体现在代理被告方时。

1. 心理缓冲。被告感觉至暗的时刻一般是在首次接到法院传票时，对结果未知的恐惧，以及要面对冗长诉讼程序的不适，会让当事人心烦意乱，律师的职责就是帮客户厘清思路，积极应对。比如关于主播“轩某宝宝”的案件，我刚接手时就发现客户面临非常不利的诉讼态势。在此之前，浦东法院已经在 B 站诉主播贾某一案中颁布了行为禁令，禁止贾某为“YY 直播”以及任何其他第三方直播平台进行直播服务，并在一审中判决贾某履行不作为义务（相当于判决合同继续履行）。而我认为，针对主播服务此种带有人身属性的履行行为作出行为禁令并不适宜，于是，我一边积极呼吁（详见拙作《行为禁令的自由裁量权规制》），一边为主播制定了主动出击的诉讼策略，以经纪合同为基础在上海市宝山区法院起诉经纪公司违约，起到了良好的效果。

2. 战略缓冲。我在之前的文章里就分析过，商场如战场。特别是互联网行业，“其兴也勃焉，其亡也忽焉”。2017 年开始的直播平台大战使我意识到，直播背后是资本的推动，如果坚持下去，直播平台必将洗牌。因此，以“时间换空间”，不在短时间内被对手打倒，可以赢得战略缓冲，等来转机。

3. 财务折现率。学过财务的都知道，在目前的时点确定任何未来取得的货币的价值，都是要计算折现率的。即货币必须考虑未来货币贬值的风险。因此，即使败诉，如果能合理延迟客户支付金钱的时间，也相当于为客户赢得价值，特别是当金额足够大、时间足够长时。

有没有时间价值，是判断案件有没有代理价值的第二个考量因素。

三、了解新兴领域也是价值

对于律师而言，必须有战略眼光。要像投资者一样，看到未来的风口，提早切入一定的领域。因此，有些案件是一次性案源，有些案件是渠道性案源。

就比如上述“某宝”案件，在准备这个案件的时候，我了解了直播行业的竞争态势，虎牙、斗鱼、熊猫、龙珠、花椒、全民……一个个直播平台之间的竞争关系在我面前“鲜明”起来；我了解了直播平台的商业模式，就是典型的“羊毛出在猪身上，向狗收钱”的互联网模式；我了解了直播的生态，平台、公会（经纪公司）、主播，构成了商业运作的三角关系，既相互依存，又相互争夺；我了解了主播的风光无限，也了解了主播的心酸委屈。当法官和其他律师惊讶于主播每年数百万元乃至上千万元的高收入时，酝酿要如何苛以高额违约金的惩罚时，只有我知道，他们的不安全感来自哪里。有时候，他们只是孩子（特别是游戏主播），但是一旦进了“娱乐圈”，就身不由己，上一秒在风口，下一秒就跌落凡间。如果人生是一场长跑，我宁愿做一个安稳前行的律师。

代理“轩某宝宝”案件的同时，我又陆续代理了很多涉及其他主播跳槽的案件，虽然很累，但是在与很多直播平台的对垒中，我深入了解了这个行业的商业模式和竞争规律，见证了一些平台的上市、一些平台的倒掉，并且用法律专业能力赢得了一些平台的青睐。这些平台为我带来了一些新的业务。

是否蕴含切入新兴领域的机遇，是判断有没有代理价值的第三个考量因素。

总结一下，律师判断是否代理案件，取决于案件中蕴含的价值大小，而价值的判断标准是多元的，输赢的概率、代理费用的高低、律师和客户有没有共识、有没有时间的价值、有没有渠道的价值，甚至是客户的人品好坏和是否相互欣赏，都是重要的考量因素。

我对案件代理的原则是：律师费用固然重要，但工作的乐趣和其他价值也必不可少。

律师的幸福

“我们无法决定太阳几点钟升起，但我们可以决定自己几点钟起床。”

这段话用来形容律师，真是再贴切不过。清晨八九点钟，我把车停在路边，阳光照在身上暖暖的，前方校车边小朋友们正在排队上车。

没有庭审安排、没有客户需要接待的早晨，我感到了前所未有的满足感。律师也许是法律圈中最矛盾的职业，可以最光鲜，也可以最苦痛；可以最自由，也可以最不自由；可以最高尚，也可以最卑微，一切取决于自己。虽然绝大多数律师终其一生也无法达到金字塔的顶端，但在路上依然可以拥有自己的快乐，因为：

一、我们虽然不能选择几点钟下班，但我们可以选择几点钟上班

我们律所的前台是个活泼的小姑娘，有一天她对我说：“原来挺羡慕你们律师的，想几点钟来就几点钟来；现在觉得你们一点儿也不轻松，总是在不断地加班。”

是啊，因为加班，我们看到了上海璀璨的夜景；因为加班，我们见证了上海道路凌晨的空旷；因为加班，我们明白了漂亮的文案、犀利的庭审观点、完美的交易架构背后，是不为人知的努力；因为加班，我们钦佩一些漂亮的女律师，明明有颜值还要拼才干，逼着男律师们不得不加倍地努力。

从法官职业转换到律师职业，我充分感觉到了一点，就是一刻不努力，就会被市场淘汰，哪怕曾经是优秀的法官，也未必能适应激烈的市场竞争。记得做法官的时候，总是觉得某些事情匪夷所思，如给个几百万元不索要收条，投个几千万元没有签订严谨的协议，这不是纯属考验法官智商吗？但是，做律师以来，我遇见了形形色色的客户，乃至真实地碰见了把几千万元甚至上亿元投资作为小

项目的客户，才明白一切皆有其合理性。商人自有其投资的逻辑，律师需要做的不是批评客户，而是帮助客户分析问题，找出解决的路径，就像在黑暗的隧道中寻找光明的出口。换个角度想问题，如果客户都是谨慎并精通法律的，那还有律师存在的必要吗？律师应该感谢客户给了我们加班的机会，使我们能够在为客户解决问题的过程中找到存在感。

当这个城市快要“苏醒”，我们带着做了一夜方案后的满足感沉沉入睡，并就此避开城市拥堵的高峰，这难道不是做律师的幸福吗？

二、我们虽然不能选择喜欢的客户，但我们可以放弃不匹配的客户

什么是律师喜欢的客户？付钱爽快，通情达理，不以诉讼成败评价律师的好坏。这样的客户有吗？一定会存在，但是我们很少第一次服务就能遇到。更多的客户，总有令律师不那么满意的地方，不是不能爽快地支付足额的律师费，就是提出种种苛刻的要求，或者将不利的结果归咎于律师。可以想见，如果律师总是和不喜欢的客户打交道，那无疑会大大降低自己的职业幸福感。

好在律师有几种办法可以自我调整：

1. 剔除与自己执业气质明显不符合的客户。俗话说：“什么样的马配什么样的鞍。”如果分别去基层法院、中级法院、高级法院蹲点观察，你会发现出现在三个地方的律师会有很大的不同。更奇妙的是，律师和客户的气质也是有一定的吻合度的，有的律师甚至外表比当事人还像当事人。不是说有高低贵贱之分，而是说律师和客户气场最好大致相合，否则律师很难与客户有效沟通。我个人不喜欢锱铢必较以及认为“找律师就是找关系”的客户。前者是因为做法官十余年，见多了“胡搅蛮缠”的当事人和帮腔的律师，现在自己做律师，不愿意再与此类客户为伍，也不愿为了经济利益而与法院死磕（当然，如果法官的行为损害客户的合法权益，我也会毫不犹豫地站在自己客户的一边，这是职业道德的要求）；后者是因为此类客户并不尊重律师的专业技能和劳动付出，即使案件接下来也会很累，一旦达不到预期的目标，就会被其认为是“江湖术士”，律师将毫无职业尊严可言。

2. 努力适应客户的要求，用精致的服务培育客户的品质。客户是上帝，上帝也会犯错，何况客户找到律师的时候，往往已经是焦头烂额的时候。有个客户找到我的时候，为房屋纠纷已经打了6年官司，衍生案件有数十起，一直处于疲于奔命、落于下风的状态，因此解聘了原来的律师。刚开始交流的时候，客户非常暴躁与悲观。我跟他说了两点：第一，不相信法律会实现正义的不要找我；第二，不听律师的方案，只需要律师跑个腿、传个话的不要找我。客户说：他找了很多律师，只有我还让他相信法律的正义，所以他愿意再信我一次。我说：如果你有空可以和我们一起工作、讨论案件，我虽然不能承诺最终的结果，但我一定会让你明明白白地知道案件的整个办理过程。客户找到我的时候已经临近开庭，并且证据材料一麻袋，因此我和助手连着加了几天班看材料、做方案，客户也天天来，和我们一起吃晚饭、喝茶、聊案子。开庭前一天，客户打来电话，说看到餐蛋公仔面就想吐，不来了，相信我们会认真地对待他的案子。之后，不管案件如何波折，客户始终对我们的代理表示认可和支持，最终我们成功扭转了案件的结局。

三、我们虽然不能决定案件的结果，但我们可以决定自己的努力程度

刚开始做律师的时候，我对输赢看得非常重。因为曾经获得过“上海法院办案标兵”称号，承办过上千起案件，所以对自己的专业能力非常的自信。但是，越做律师越发现，很多案件并非非黑即白，自己做法官的时候判的类似案件也只是一家之言。因为最终决定权并不在自己手上，要求律师承办的每个案件都赢或取得预期成果，是一个不可实现的目标。但是，律师可以决定承办案件的努力程度。

第一，站在客户的立场上考虑问题。曾经有个客户在被隐瞒真实信息的情况下增资数千万元，投资外地的一家企业。但不久就发现企业运营存在问题的蛛丝马迹。客户欲根据增资合同提起股东回购诉讼，我却提醒他先搞清楚股东和企业的财产状况再说，结果在司法数据库中查询到该企业及其股东有许多未执行债务。如果在情况不明的情况下贸然提起诉讼，很有可能赢了官司却无法执行。如何破

局？我想法设法联系到当地的朋友进行法律调查，并制作了一份调查报告交给客户。当客户看到报告中所附的企业照片、数据及情况分析时，觉得我们确实站在他的立场上去考虑问题。虽然客户根据我们提供的信息，最终没有选择诉讼，而是抓住原股东挪用企业资金的线索谈判解决了回购问题。但我觉得心中很释然，因为客户解决了问题，而我拓展了一个外地的律师调查渠道，这是另外一种无形的财富。

第二，把握案件节点和细节。诉讼律师最担心的不是实体问题，而是程序期间，举证期、上诉期、开庭日期、财产保全期限……无不是悬在律师头上的一把利剑。我曾经担任过一个集团诉讼的被告代理人，开庭那天，眼睁睁地看着原告代理律师没到庭，眼睁睁地看着法院将6个案子按撤诉处理，几万元诉讼费化为乌有。虽然是被告律师，但我也为代理原告的同行捏把汗，怎么和客户交代啊？

还有一次，一家全国著名的企业找到我，说他们有个很小的案子一审意外败诉了，问我是否有兴趣担任二审的代理人。这个案件虽然小，但对该企业影响却是巨大的，甚至将影响到整个行业的生态。这家公司的总部在外地，因为上诉期迫近，我立即驱车赶往公司所在地，跟集团法务部开会商讨代理方案。第二天驱车赶回上海，晚上加班撰写民事上诉状。由于该案件是新类型案件，理论界争议很大，我查找资料，选取对客户有利的代理角度，一直忙到夜里12点多，才完成初稿。之后几天，反复和公司法务用邮件、电话商讨细节，最终赶在期限届满前寄出了上诉状。

第三，尽可能为客户提供增值服务。虽然每个客户都是带着利益诉求而来，虽然律师和客户间是服务关系。但是，如果你真的把客户的利益放在心上，你会逐渐发现客户的可爱之处，有些人甚至在办案过程中就把你当作知心朋友。有个客户卷入了别人的债务纠纷中，债权人是外地的一家非常有势力的企业集团，后来，债权人在当地起诉，客户就一直担心债权人会操纵审判的结果，甚至到了寝食难安的程度，我多次劝解都无效。后来我想起偶然结识的当地一个退休的法官，想方设法联系上他，跟他说明了情况，并安排了会面。老法官说了很多当地法院办案的奇闻异事，并且郑重地保证：法官也珍视自己的名誉，如果为了金钱或是权力，把白的说成黑的，会被整个圈子鄙视。说也奇怪，我费尽口舌说的没用，但听了老法官一席话，客户就释然了。恐惧来源于未知，消弭于已知，真是“听君一席话，胜吃十帖药”啊。

通过几年律师的执业历程，我充分地感觉到，律师的“幸福”在于可以选择前行的方向。律师必须付出，有时是不求回报；律师必须感恩，哪怕只是一个善意的微笑；律师也必须有使命感，哪怕是在过程中感到迷茫。只有相信“尘埃里也会开出花来”，并为之不断地努力奋斗，某一天你才会发现，“待到山花烂漫时，她在丛中笑”。

协作与共享

——互联网情境下的“无边界律所”①

一、互联网时代下律师服务的痛点

每个律师在入行第一天起，就面临严峻的生存和发展问题：客户在哪里？案源在哪里？我如何营销自己？我如何维护客户关系？这些问题如同梦魇，始终萦绕在律师的执业生涯中，挥之不去。

但是，进入互联网时代，竞争加剧，律师还必须问自己另外几个问题，我是否专业？我是否能根据市场的热点及时推出法律服务产品？我是否能带给客户更好的体验？我是否正在做我擅长的事，并且享受这个过程？

面对新时代的呼唤，律师事务所这个传统律师服务载体也在悄然发生变化，除传统的提成制或是公司制律所外，还出现了各种形式的律所联盟。但是，就一体化而言，大多数的律所或律所联盟还处于 1.0 或 2.0 版本，少部分公司制律所达到了 3.0 版本。但大多数律师的痛点仍然不能解决，即自由执业、专注专业、安全协作。如果有一个律师服务平台，能够在陌生律师间建立信任关系、制定安全协作规则，甚至允许律师将短板业务外包，那无疑将改变整个律师行业的服务生态，我们大胆假设，有一种“无边界律所”可以把以往的“律所 + 律师”的组织形式变为“互联网平台 + 律师”的模式。

① 本文是第十五届华东律师论坛获奖论文。

二、互联网情境下的“无边界律所”

“无边界律所”的核心理念在于“集成”“共享”和“安全”。

（一）“集成”就是作为律师服务的平台应当扮演集成服务商的角色。

律师能力主要分为市场能力、服务能力和专业能力，以往都是律师单打独斗，集三种能力于一身，因此，忙碌成了律师的常态，而且很少有律师将这三种能力发挥至极致。但是，互联网时代应当给律师赋能。如果律师专注于专业能力，那平台就应该担负起市场和服务集成商的职能。我们可以期待这样的场景：当一个律师需要市场推广时，可以请求平台针对其特点、专业领域以及发展阶段给予个性化的包装和营销，帮助其设计法律产品，并给予其一定的曝光率和社会活动机会，打造整体的专业形象；如果律师需要客户关系维护，平台可以提出从方案设计到预订餐厅、选择伴手礼直至派遣公关人员的一系列服务；如果律师需要跨区域协作，平台可以提供当地专业律师推荐、政策法规咨询、商务调查等系列服务。这些服务可以平台自营，也可以由平台进行外包，但一定要让律师从烦琐的事务中解脱出来，可以专注于专业能力的提升。

（二）“共享”就是一体化。即品牌共享、信息共享以及连接共享。

第一，品牌共享很好理解，单个律师知名度再高也有业务局限性，而且不具有传承性，而客户看重的是法律服务提供者的信誉度和一站式能力，因此，需要把分散的资源整合成统一的品牌，并使成员分享品牌带来的附加值。但是品牌一体化要解决的是成员利益冲突问题，平台要制定规则，建立客户名单检索机制以及纠纷解决机制。即当平台成员单位的某项宣传或推广计划对其他成员服务客户有可能造成直接或潜在的不利影响时，可以通过检索机制预先防范或在客户提出投诉时迅速予以解决。

第二，信息共享就是通过办公协同软件和数据采集及发布部门，进行文件传递、项目信息发布及招标、平台案例检索、平台律师匹配、案件流程管理等信息交换和资源共享。最常见的应用场景是：律师在平台发布异地调查请求，平台中当地律师自愿接单或由平台推荐的匹配律师予以协同。而复杂法律项目，也可以由两地律师组成项目组，通过协同软件协调两地服务，比如说同时在两地发起诉讼，或同时进行知识产权打假行动，以营造一定的声势，满足客户的需求。

第三，连接共享就是人的一体化。比如麦肯锡公司，它的欧洲办公室和亚洲办公室服务标准是一致的，工作人员只对客户和麦肯锡负责。而目前很多的中小所形成的律所联盟虽然达成了共同品牌和发展纲领，但结构是松散的，利益是割裂的，人员是各自为政的，这样的连接只能是初步的连接。

对于平台发展而言，必须用一种机制使成员单位的利益深度捆绑，如阿里巴巴集团采取的虚拟股权合伙人制度，使合伙人不但是成员单位的合伙人，还是平台的合伙人，这样才能避免大家都各自搞自己的业务却忽视平台搭建的弊端。

对于律师而言，虽然互联网技术已经可以使大家足不出户就能办公，但律师除创收需要外，还有心理、安全、社交、被尊重等一系列社会需求。正是这种社会需求使持续性协作成为可能，所以律师集中在办公场所办公是必不可少的。而且，从博弈论的角度来说，情感的交流和稳固也能避免一次性博弈的发生，如在复杂项目的协作中，如果是一次性交易，律师倾向于单纯用金钱来衡量自己在项目中的付出。如果是长期合作，律师则倾向于放弃眼前利益来换取长期利益。

对于用户体验而言，客户比较能够接受统一的服务标准。平台应当提供一种机制，使相互间的业务交流成为常态。比如成立专业委员会，对一类业务制定标准化流程和法律指南，统一服务标准；成立培训机构，对成员机构律师进行统一、定期培训；建立执业交流机制，选拔律师短期异地执业，相互派驻观察员律师，从而增进成员单位之间的情感与业务纽带。

共享的目标，应当是建立起强有力的平台文化和执行机制。

（三）“安全”就是平台针对律师执业中的交易痛点进行服务。

第一，律师协作规则以及信用评价体系的建立。律师协作中，最怕工作量以及利益分配机制不明确。以往律师个人合作时，往往都是基于双方的信任关系，但由于需要协作的都是疑难复杂案件，在结果上存在较大的不确定性，客户与律师一般订立的也是风险代理合同。因此，如果双方在合作之初，没有谈清楚分成比例，或者没有对协作过程中发生的所有风险予以合理的预计，那么在代理目标完成后，双方往往对代理费的分成比例存在一定的争议，如果这个问题处理不好，就会影响双方的信任，甚至成员单位之间的持续合作。因此，平台应当扮演中立第三方的角色。首先，要有基本合作规则，对于各类型案件中不同的协作方式可以给出指导性的利益分成比例，这样可以大大降低律师合作的交易成本。其次，案件类型各异，风险与投入不一，即使有指导性意见，律师对于分配方案的理解也会不尽一致。如果产生争议，平台应当提供争议解决机制，可以采取内部仲裁的方式，由双方提交书面意见或进行口头陈述，平台最终对双边纠纷予以裁决，这样可以间接促进内部一体化进程。

律师信用评价体系是保证交易安全的另一大维度，甚至是“无边界律所”存在的基础。以往的律师评价体系主要服务于司法管理的需要，不免带有评价者的主观因素。但随着大数据和人工智能的发展，律师执业的历史数据越来越完备、越来越客观，为描摹律师的“画像”提供了可能性。

但这种“描摹”还是不完整的，原因是公开数据毕竟仍存在一定的失真。举个最简单的例子，法院裁判文书上具名的都是出庭律师，但如果是团队作战的话，后台支持的作用也不可小觑，有时甚至是项目负责人制定的诉讼策略，才是诉讼制胜的根本性因素。因此，最大限度地矫正数据偏差才会得出更为准确的结论。这一点上，平台具有天然的优势，平台不但掌握律师以往的静态数据，如执业年限、执业领域、过往业绩等，还掌握在办案件的动态数据，如项目分工、作业全过程的痕迹反映以及律师参与程度等。

另外，平台还可以建立信用累积制度。除根据上述静态数据得出的基础信用等级外，律师还可以通过每一次法律服务累积自己的信用评分。云计算中的 SaaS 已经在商业领域广泛应用，将来律师使用数字化软件办公，每一次敲击键盘，系统就会自动采集数据。律师上传的每一项工作的进度都会成为待分析的基础数据，包括律师撰写的专业文章、提供的公益服务、获得的行业荣誉等，最终都会转化为信用评分。甚至是个人兴趣领域，也会成为数据分析的一部分。

这些信用评价，会提供给客户或有协作需求的律师，作为合作的基础。反过来，每次项目结束，客户或协作律师的服务评价（可以是匿名的）也可以成为律师信用等级增加或减少的依据。

最终，运作良好的评价体系会促进客户需求和法律服务资源的匹配，促使律师珍惜自己的“每一根羽毛”，也会使平台的信用度增加，从而在每一个法律细分市场中，提高律师的专业能力和客户的用户体验。

第二，信息数据的安全。首先，对于平台收集整理的数据，除公开信息外，对于涉及客户隐私、商业秘密的信息，平台应当提供一定的数据安全保障，设置访问权限，并保留访问痕迹数据，这是基本的数据安全。其次，律师在客户明确法律需求后，一般会有项目法律论证阶段，如果要借助平台专家之力进行集体讨论，就涉及项目信息保密的问题，平台应当提供软件服务，自动启动项目保密义务告知及承诺机制，通过电子签名的方式使加入的成员负有不泄露相关信息的义务。这样可以提高律师将案件提交讨论的积极性，其他律师也可以从群体讨论中获益。

第三，提供多方面的执业保障。律师虽然专门为他人提供法律服务，但在很多情况下仍然是弱势群体。首先，除知名律师或处于垄断地位的律师外，行业惯例是“先服务、后收费”，特别是一些纯风险代理的案件，律师或多或少地都面临过服务目标实现后费用兑现难的窘境。律师一般不会通过诉讼的方式去主张自己的权利，因为既浪费自己的时间，又可能损害自己的行业形象。如果平台能提供追索服务，免除律师的尴尬，或者对律师的债权予以收购，一定会大受律师的欢迎。其次，律师异地取证、开庭时，往往会发生人生地不熟，甚至人身得不到保障的情形，如果平台能够提供当地律师的配合，也会大大降低律师执业的风险。当然，平台要建立交换的规则或是提取一定的平台基金以覆盖以上服务的成本。

律师行业是个古老的行业，但是互联网技术和理念一定会不断冲击这个古老的行业，从而彻底改变这个行业的生态。当未来已来的时候，我们唯一能做的，就是去拥抱、接受和改变。

当然，就像有人已经用上最新式的超薄型笔记本电脑，有人还在怀念旧式的台式电脑一样，本文探讨“无边界律所”也只是为律师提供一种可选择的生存和发展模式，无论如何，不变的是律师服务的“工匠精神”和“人文关怀”。只有为客户提供无可替代的服务体验，当人工智能成为日常场景时，我们才会依然为自己是人类律师而感到骄傲、自豪！

相信时间的力量

我的房子有一个大大的露台。每当我凝望苍穹，想象着有些星光穿行了几亿年的时光，不早不晚，恰在此刻映入我的眼帘，我就能感觉到一股神秘的力量，瞬间击中了我。

回首 6 年前，当我站在人生悬崖边纵身一跃的时候，我并不知道命运的风，会往哪个方向吹。但我知道，天道酬勤，天生我材必有用。

2013 年，恰恰是中国移动互联网的爆发年。移动互联网改变了人与人之间的连接方式，也改变了许多行业的商业模式，包括传统的律师业。

同时，2013 年也是以人工智能、清洁能源等为技术突破口的第四次工业革命的发端之年。

回首 12 年前，那是我法官生涯中的高光时刻，当我作为代表团成员踏上美国土地的那一刻，我并不知道法律人的明天会怎样。但我知道，无论采用何种方式，这辈子，我会将法律职业进行到底。

2007 年，iPhone 手机上市，从此改变了智能手机的定义，也为中国移动互联网的爆发提供了硬件条件。

回首 18 年前，我在阁楼上挥汗如雨，准备首次统一司法考试。我并不知道考试会不会通过。但我知道，法律未来在社会生活中的作用会越来越重要。

2001 年，中国加入 WTO。没有人想象得到，中国会在若干年后成为世界第二大经济体，世界在改变中国的同时，中国也在改变着世界的格局。

回首 22 年前，我从法学院毕业，那年香港地区回归祖国。我并不知道有一天深圳的经济体量会超过香港地区，成为中国的超一流城市。但我知道，一个时代结束了，一个时代又开始了。

1997—1999年，也是中国互联网应用的开端，网易、搜狐、新浪、腾讯等互联网公司扎堆成立。值得反复强调的是，1999年，阿里巴巴在杭州成立。

回首41年前，我还在幼年。我并不知道有一天会走出家门口的那条马路，走出出生的城市，走向上海，走向世界。但我知道当时一句耳熟能详的广告语："小骆驼走进大上海。"

1978年，中国开始了波澜壮阔的改革开放。1979年，中国进行对越自卫反击战。

回溯至1950年年初，中国还进行了抗美援朝战争。

上述两场战争，一场打出了新中国的生存空间，一场打出了改革开放的和平环境。我并不知道，在种种严峻的形势下，老一辈革命家是如何下定决心，排除万难的。但我知道，没有这两场战争，就没有我们今天的经济发展和幸福生活。

继续回溯至1840年鸦片战争，西方列强用坚船利炮敲开了我国封锁的大门。1842年《中英南京条约》签订，香港岛被割让。从此，中国的主权逐步丧失。我并不知道，那时的国人是如何在愤懑中思索中国的出路的。但我知道，不思进取、封闭保守，就会挨打。

而至1840年，英国等西方国家已经完成第一次工业革命。工业文明对农业文明的碾压是全方位的。尽管中国曾经是农业社会的楷模。

如果继续上溯的话，会发现人类文明不过距今几千年，人类的历史从猿人"露西"算起不过300万年，而地球已经存在了46亿年左右。

读大学的时候，我们是最后一届公费生。之后，我们又赶上了中国经济高速发展的20年。看起来"70后"是足够幸运。但是，我们又恰恰在人到中年时，遇见了新的工业革命的起点。

如果以时间为轴，会发现在巨大的历史跨度上，我们只是地球的一瞬间；但是，从文明的角度，人类正在加速发展，技术的更迭越来越快，直至迎来奇点。

从宏观上说，我们这代乃至下一代的生活注定不会平静。从微观上说，我们要努力适应时代的变化，因为，没有一种职业或商业模式是安全的，是不能被颠覆的。

每当我焦虑未来或为案件伤神的时候，我就会走上露台，凝视星辰大海。数亿年前的星光会告诉我：

不要急，一切都会有答案。相信时间的力量！

后记

写作是一种修行

“每个律师都应该写本书”，这是中国法制出版社总编室主任赵宏女士在她的一次演讲中说过的一句话。

就是在那时，我萌生了出一本书的念头。当联系到赵主任时，她说，已经关注我一段时间了。彼时，我经常在法律新媒体上发表一些文章，并乐在其中。

没想到，这竟成了一段艰苦修行的开始。律师，虽然被定义为社会的精英阶层，但仍然没有摆脱用身体（头脑）赚钱的模式。而写作，也是以身体为犁，以时间为田。除非不差钱，否则过程中一定会产生冲突，失去一些利益。再加上任何爱好一旦成了工作，就成了人性的考验，欢愉度大减。写作成了看起来很美，做起来很难，结局更难预料的事情。我发现，写作的过程中，我一直在翻越数重高山，这些高山，就是佛教中所称的五毒“贪、嗔、痴、慢、疑”。

“贪”，原指“财、色、名、食、睡”五欲之贪。对律师来说，写作首先意味着必须节制欲望。

律师身处名利场，各种欲望如藤蔓缠身。刘慈欣在《三体》中说了句很经典的话：“失去人性，失去很多；失去兽性，失去一切。”这句话也可以适用于律师行业：“失去选择，失去很多；失去创收，失去所有。”所以，为了生存，律师会抓住一切可能转化为案源的机会，哪怕并不适合自己，哪怕并不擅长，先参与进去再说。

开始我想得很好，白天照样干活，晚上写作。但是，各种琐事很快就让我疲惫不堪。写作成了催眠神器。

痛定思痛，我唯有放弃一些案源和应酬。做减法以后，我发现我有时间专注于写作了，但神奇的是，创收却并未因此下降。由此可见，二八定律决定 80% 的收入来源于20%的机会，律师应当花时间想明白适合自己的商业模式。很多时候，不放过每一个机会反而是有害的，它使你无法聚焦于你真正擅长的领域。

举个例子，我放弃了绝大多数担任法律顾问的机会、放弃了刑事案件、放弃了很多纯民事案件的代理，而聚焦于自己所擅长的跨界复杂商事诉讼领域。

想明白也很简单，互联网时代，律师触达客户的渠道多元化了，因此改变了律师传统（以法律顾问引流，以诉讼业务变现）的商业模式。

“嗔”，是面对不顺利的境地，动辄生气、对他人不满。对律师来说，写作意味着必须调整心态、做好规划，才能避免陷入情绪的泥潭。

律师身处利益的漩涡。经常是上午开会、下午开庭，中午电话咨询，晚上还得社交应酬，忙得不可开交。我们往往把最好的一面都给了客户，但却把易怒的一面留给了自己和家人。其实，根源还在于缺乏战略规划和自我管理的能力。

以前我写文章，速度很快，往往3000字左右的文章酝酿一两天，写的时候一气呵成。发表后，读者的反馈也很好，很多文章阅读量都超过5000。但是，进入写书状态后，却经常失去灵感，常常枯坐半天写不出一个字。

我思考了这种状态产生的原因，第一是原先没有压力，灵感来了就写，题材不限，而且写完了马上就有反馈，处于一种自然的状态，因此每次写作都很有激情。但是写书的时候，必须跟着大纲走，相当于工作之余还有任务，大脑在劳累以后处于抗拒状态，而且，延迟满足使大脑不容易兴奋。第二是以前都是有了沉淀和感悟才写，相当于厚积薄发，而现在有些题目是事先拟定的，我必须先自己系统梳理、提炼甚至学习以后才能写出令自己满意的文字，因此进度很慢。

开始的时候，我常常掌控不了自己的情绪，觉得很沮丧。埋怨自己面对律师业务和写作任务不能良好地切换。甚至向编辑抱怨，觉得出版社要求的字数和标准过高，在这段时间，负责和我对接的朱丹颖编辑不辞劳苦，给了我很多的鼓励和指导。

事后，我进行了反思。觉得抱怨是能力不够的体现。作为律师，处于不顺利的境地是常态，要主动调整以适应不断变化的外界情况。我作了两项调整，首先是端正心态，重新审视了自己写作的目的，是从知识分享中磨炼心性、打卡升级，故应当以“城市规划师”的格局去做“建筑工人”的工作；其次是建立新的写作机制，把写作任务和律师业务有机结合起来，如参加完“法官思维与律师思维”的讲座，即把发言稿整理成文字，形成《法官思维和律师思维》一文。参加关于写作的律师分享会后，即把演讲稿整理成《写作那点事》，“一稿两用”；最后是改变以往“写作不打草稿”的习惯。每次写作前，先确定核心观点和写作框架，再往里填充事实与论证，这样的话，不会产生写到一半写不下去，而要另起炉灶的困境。写作效率遂得以提高。

“痴”，是指愚钝、不明事理、没有智慧。对律师来说，写作意味着要不断开启心智，展现智慧的光芒。

律师常常被人误解，认为只不过是法庭上说两句话、写个代理词而已。但是，台上十分钟，台下十年功。我们看到的人前风光，无不是背后深厚的积淀。

法制出版社向我约稿前，希望我提供样稿。我花了一周的时间，写了《蹦极：从法官到合伙人律师（上、中、下）》三篇，一下子吸引了编辑们的目光，他们认为我的视角特殊，可以给律师带来一些新的方法论。我也觉得信心满满，20余年的法律职业生涯，有太多的经验和感悟可以分享。然而，真正开始写作后，我发现以往的沉淀很快就消耗殆尽。除了由以前发表过的文章进行改写的以外，其他文章无不经历长久的思考，这一写就历时一年有余。

比如本书中的《法律人的明天会怎样》就是我读了理查德·萨斯坎德所著《法律人的明天会怎样？》的读后感。我无法想象AI发展的奇点何时到来，但我认为危机恰恰意味着机遇，与其恐惧未来，不如做好今天的事。为了能够写出未来感，我阅读了大量的资料，做了很多的笔记。

比如《维度打击——关于阿里案件的深度思考》，就是我做了数年的阿里案件，又阅读了刘慈欣的《三体》后，进行的全面的借鉴和总结。不是每个律师都有这样的机会，因此，我几乎把每个案件都当成至宝一样，努力提炼出对大家都有价值的东西。

又如《如何克服演讲恐惧症》，是我的亲身经历，当一个不善演讲的人面对近2000人进行公众演讲时，那种扑面而来的恐惧，使我产生了“幻觉”。但经历过那一次以后，演讲恐惧症竟治愈了一半。由于是真实的体验，因此拿来和"同病相怜"者分享。

每一篇文章，都是一个故事。写作的过程就像一次次地擦拭"心镜"，使它由内至外地透出光亮来。

"慢"，是指傲慢，目中无人。对律师来说，写作意味着不断审视自我，告诫自己谦卑地对待法律和所从事的职业。

律师是一个有无限可能的职业。一个默默无闻的律师有可能代理一件轰动全国的案件，就能一举成名。一旦成名，内心就会容易膨胀，处处以"大律师"自居。身边有太多这样的例子。声名，会使人半尺成佛，半尺成魔。

我写作的过程中，也有飘飘欲仙的时候。有时甚至认为自己已经接近了诉讼的真谛。《如何开启诉讼律师的战斗模式》中，我提出了三个S的理论，即"事、势、适"，核心是"势"，顺势而为，事半功倍；逆势而为，事倍功半。但是，"背靠大树好乘凉"，我慢慢地参透到，其实我取得的一些成绩，与一些大公司、大平台的合作有莫大的关系。他们有资源、有格局、有信息，本身有"势"。在和他们的合作中，我慢慢收起了傲慢之心。"山外有山，楼外有楼"，千万不要认为自己已经很厉害了。真正的高手，是不显山不显水，用平和的心态去达成不寻常的目标。

还有一些律师，不计较顺势逆势、不计算有益无益，只为心中的道义。比如韩国的影片《辩护人》就让我很受启发。影片以20世纪80年代的釜山为背景，以已故前总统卢武铉担任律师负责釜林事件辩护的故事为原型，讲述了没有钱、没有学历、没有背景的税务律师宋佑硕经历的改变其人生的五次公审、以卵击石为无辜青年辩护的故事。

中国，也不乏这样的人。逆势而为，能够推动国家的进步、法治的完善，增进民众的福祉，才是真正值得尊敬的大律师。

"疑"，是指怀疑、犹豫不决、迷茫，不相信身边的人和事。对于律师而言，写作意味着要不忘法律初心，传递司法正能量。

律师特别容易接触到负能量场。"厌讼"是我们传统的文化特征，因此进入诉讼程序中的事情一般已经对立严重，充满火药气味。双方都想赢，亲情丧失、伙伴反目、尔虞我诈的事在法庭上屡屡上演，甚至背后爆出的黑幕时常击穿我们的底线。中国虽然正在从“熟人社会”向“公民社会”过渡，但“相信人情大于相信法律”的文化仍然根深蒂固。

我在《法官最欣赏律师的六个品质》中表达了我的观点，即律师不能“推波助澜”，如果律师对自己的职业都没有荣誉感，任意评判、抹黑司法，那律师存在的意义又是什么？

就我而言，我在代理的每一个案件中都力争体现出律师的价值，如《律师的幸福》中，我就写了一个已经打了50多件关联案件的客户，刚找到我们的时候，带着满腹狐疑的态度。但是我们认真的态度和专业的精神打动了他，最后这个包含“代理销售、民间借贷、房地产买卖”多重法律关系的复杂案件确实在我们的手中得以全部终结，客户也放弃了“司法黑幕”的想法。

当然，随着执业年限的增加，我也会有迷茫的时候。年景不好的时候，也出现了客户拖欠律师费的现象。特别是对于付出很多心力的案件，我觉得难以接受客户拖欠。但我还是选择相信客户，不急于一时。

是啊，如果没有信任，法制出版社也不会等我调整好心态，始终不离不弃，我也不会坚持到书稿完成。

总之，写作的过程虽然艰辛，但收获良多。从法官转换成律师后，我觉得做一名优秀的律师特别不容易，律师没有“王冠”，只能依靠自己的身体、嘴巴和头脑。从新媒体网络作者到传统纸质书籍的作者，我又深深体会到作家和编辑的不易，没有一本书的面世不经历种种磨难，甚至是如“西天取经”般的“九九八十一难”。但我认为，这一切都是值得的。写作，始终是人生修行、磨炼心性的最简单法门。

从这个意义上说，每个律师，都需要出一本书。

图书在版编目（CIP）数据

无界：从房地产法官到“互联网+”律师 / 惠翔著 .—北京：中国法制出版社，2020.2

ISBN 978-7-5216-0845-8

Ⅰ. ①无… Ⅱ. ①惠… Ⅲ. ①律师—工作—中国—文集 Ⅳ. ① D926.54-53

中国版本图书馆 CIP 数据核字（2020）第 015569 号

责任编辑：朱丹颖（ss-nuannuan@hotmail.com）　　封面设计：李军

无界：从房地产法官到“互联网+”律师

WUJIE：CONG FANGDICHAN FAGUAN DAO“HULIANWANG JIA”LÜSHI

著者 / 惠翔

经销 / 新华书店

印刷 / 北京中科印刷有限公司

开本 / 710 毫米 ×1000 毫米　16 开　　印张 / 14　字数 / 215 千

版次 / 2020 年 3 月第 1 版　　2020 年 3 月第 1 次印刷

中国法制出版社出版

书号ISBN 978-7-5216-0845-8　　定价：56.00元

北京西单横二条2号　邮政编码100031　　传真：010-66031119

网址：http://www.zgfzs.com　　**编辑部电话：010-66067369**

市场营销部电话：010-66033393　　**邮购部电话：010-66033288**

（如有印装质量问题，请与本社印务部联系调换。电话：010-66032926）